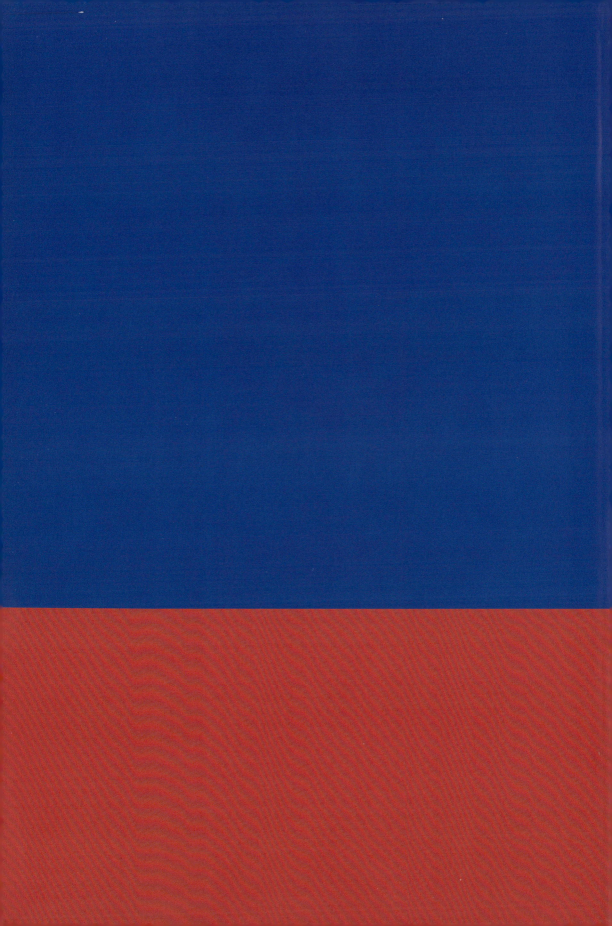

Australian Shepherd

Ilse Pelz

KOSMOS

Geschichte — 4

Ursprung und Herkunft	5
Zuchtgeschichte	8
Die Arbeit mit dem Vieh	12
Hütehunde	13
Herdengebrauchshund	14
Koppelgebrauchshund	15
Der Hütetrieb	16
Der vielseitige Arbeitshund	18
Hütewettbewerbe	19

Haltung und Pflege — 20

Ein Arbeitshund in der Familie?	21
Warum ein Australian Shepherd?	24
Rüde oder Hündin?	26
Kinder und Hunde	27
Wo bekomme ich einen Aussie?	28
Was muss beim Kauf beachtet werden?	30
Ein Aussie kommt ins Haus	32
Ernährung	44
Pflege	48

Ausbildung — 52

Verständigung	53
Hundevereine und Ausbilder	54
Basis-Training	58
Sport und Spiel	64
Agility	66
Weitere Wettbewerbe	68
Begleithund	68

Inhalt

Gesundheit 70

Krankheitsanzeichen	71
Hauterkrankungen und Ektoparasiten	71
Erkrankungen der Verdauungsorgane	74
Infektionskrankheiten und Impfungen	76
Erste Hilfe	80
Vererbbare Erkrankungen	83

Zucht 89

Der Rassestandard	90
Die Beurteilung des Australian Shepherds	96
Ausstellungen	106
Vererbung	108
Die Farben und Zeichnungen des Aussie	118
Die Rute	122
Züchter	123
Zuchtmethoden	126
Praktische Zucht	130
Welpenaufzucht und Entwicklung	135
Welpentest	142
Aufgaben des Züchters	145
Australian Shepherds im Alter	146

Service 147

Nützliche Adressen	148
Zum Weiterlesen	149
Register	150

Geschichte

Ursprung und Herkunft

Knochenfunde aus vorgeschichtlicher Zeit belegen das Vorkommen dreier verschiedener Haushundarten in Amerika. Es gab den Schlittenhund der Eskimos, eine variationsreiche Terrierart und den Indianerhund. Der Indianerhund erreichte eine Schulterhöhe von etwa sechzig Zentimetern und sah einem Wolf recht ähnlich. Er hatte eine schmale Schnauze und Stehohren, die gelegentlich an der Spitze nach vorn gekippt getragen wurden. Auch sein schmaler Hinterkörper und sein buschiger, sichelförmig hängender Schwanz (es gab jedoch auch eine stummelschwänzige Variante) erinnern an einen Collie oder ähnlichen europäischen Schäferhund. Die Hunde eines jeden Indianerstamms besaßen ihre eigene, sehr variationsreiche Färbung. Ihr dichtes Fell konnte einfarbig oder bunt gescheckt sein. Sie wurden als sehr intelligent, verträglich und anpassungsfähig beschrieben. Die Indianerhunde bewachten und beschützten das Lager, halfen dabei das Wild zu suchen und zuzutreiben, dienten als Zugtiere oder hüteten frei lebende Pferde. Aus mündlichen Überlieferungen und der Art der Beisetzung geht hervor, dass die in Gräbern gefundenen Hunde den Toten als Führer und Pfadfinder im Unbekannten dienen sollten. Letztendlich vermischten sie sich mit den von den Siedlern mitgebrachten Hunden. Die Geschichte des Australian Shepherd beginnt ungefähr dort, wo die der Indianerhunde aufhört. Seine Entstehung liegt weitestgehend im Dunkeln, ist jedoch eng verknüpft mit der Besiedlung des amerikanischen Westens. Während der großen Auswanderungswellen nach Amerika und Australien brachten die Menschen auch ihre Hunde mit. Im 19. Jahrhundert und besonders zu Beginn des 20. Jahrhunderts wurden Merinoschafe von Europa nach Australien exportiert und schließlich in Amerika eingeführt. Mit den Schäfern, überwiegend Basken, kamen auch deren Hunde nach Amerika. Die Schafe wurden „australian sheep" genannt und so bekamen die „little blue dogs" bald ihren etwas verwirrenden Namen Australian Shepherd, und dabei ist es geblieben. Leider gibt es keine Aufzeichnungen, sondern nur mündliche Überlieferungen aus dieser Zeit.

Von den typisch australischen Hunden wie dem Australian Cattle Dog, der u. a. als Besonderheit Dalmatiner unter seinen Vorfahren hat und daher wie dieser weiß geboren wird, sowie dem Australian Kelpie, der aus schottischen Collies gezüchtet wurde, wird oft berichtet, dass Dingo-Blut in ihren Adern fließt. Der Arbeitsausschuss für Gebrauchskelpies erklärte jedoch, dass der australische Wildhund keinesfalls an der Herauszüchtung der Rasse beteiligt ist. Zwei überwachte, abgeschlossene Zuchtversuche hätten mit einem absoluten Misserfolg geendet. Selbst Tiere mit einem sehr geringen Prozentsatz von Dingo-Blut wären bei weitem zu wild und für den Gebrauch am Schaf viel zu unzuverlässig gewesen.

Das linke Foto zeigt Jay Sisler mit Joker, John, Greyhound Silver und Sparky.

DIE HEILIGEN HUNDE

Den Ureinwohnern Amerikas, den Indianern, kamen diese Hunde wegen ihrer ungewöhnlichen, oftmals blauen Augen heilig vor und einige Legenden sind daraus entstanden. Sie nannten sie „ghost-eyed-ones", die mit den Geisteraugen.

Die Vorfahren des Australian Shepherd

Zu den Vorfahren des Australian Shepherd gehören vermutlich verschiedene alte europäische Hütehundrassen. Rassehundezucht im heutigen Sinne wurde in der damaligen Zeit jedoch nicht betrieben. Weder Reinzucht noch Schönheit, nur die Leistungsfähigkeit war von Bedeutung. Das Leben der Schäfer und ihrer Hunde war hart. Sie mussten zäh und anpassungsbereit sein. Geschätzt wurden Hunde mit ausgeprägtem Hütetrieb, die mit treuer Hingabe ihrem Herrn folgten. Australian Shepherds waren außergewöhnlich gelehrig und umgänglich, verfügten über ausreichend Unabhängigkeit und Verstand, um in beinahe jeder Situation auf sich selbst achten zu können und einige von ihnen waren auch in der Lage mit Rindern zu arbeiten. Nur Tiere, die aufgrund ihrer hervorragenden Arbeitsleistung auffielen, wurden miteinander verpaart. Eine besonders enge Verwandtschaft scheint zwischen dem Australian Shepherd und dem Border Collie zu bestehen. Vermutlich wurden

Slash V Semi Autumn Woods OTDcs (ASCA Ch. Silverledge Slide Me Five x Slash V Semi Sweet OTDcd STDd) aus der hervorragenden Arbeitslinie (seit 1963) von Terry Martin, USA.

auch der English Shepherd und rasselose „farm collies", die mit dem Vieh arbeiteten, mit den aus Australien, zusammen mit den Schafherden, importierten Hütehunden gekreuzt. Und auch zwei alte Hütehundrassen, wie der Old Welsh Bobtail aus Wales, von dem angenommen wird, dass er ein Nachkomme des Pyrenäen-Schäferhundes (Berger des Pyrénées) ist und der German Collie (auch German Coolie genannt) aus New South Wales sind dem Australian Shepherd nicht nur äußerlich, sondern auch im Charakter sehr ähnlich. Die Besonderheiten in der Fellzeichnung des Australian Shepherd sowie das Vorkommen natürlicher Stummelruten, wie auch beim Berger des Pyrénées, ließen sich so erklären.

Ch. Wildhagen's Dutchman of Flintridge CDX (The Herdsman of Flintridge x Heard's Savor of Flintridge) und Wildhagen's Thistle of Flintridge (Sisler's John x Heard's Chili of Flintridge), liegend, im Januar 1973. „Dusty" war 1. ASCA Champion 1971 und 1. ASCA Obedience Companion Dog und Companion Dog Exellent Winner. Er war Vater von 34 Champions. Thistle war Mutter von 8 Champions.
Zwinger: Bonnie-Blue Kennels (seit 1967), Bes.: Phil & Anne Wildhagen, USA

Die ersten Aussies in Amerika

In den fünfziger und sechziger Jahren des 20. Jahrhunderts reiste Jay Sisler, ein talentierter Hundetrainer aus Idaho, mit seinen „blue dogs" kreuz und quer durch Amerika und Kanada. Seine Vorführungen auf Rodeos waren sehr beliebt. Seine Hunde konnten Seilsprin-

ASCA Ch. Mad Maxx of Lamund (ASCA Ch. Prizm's Inside Track x Nina's Mahtab). Zü.: B. Marnet, Bes.: R. & M. Welz

gen, auf Stangen balancieren, auf Leitern klettern und vieles, vieles mehr. Jay Sislers Hunde waren auch in Filmen zu sehen, wie Disneys „Stub – The Greatest Cowdog of the West" und „Run Appaloosa Run". Jay Sisler verhalf dem Australian Shepherd zu einer Popularität, wie sie den „little blue dogs" bis dahin nicht zuteil kam. Seinen ersten Hund Keeno, einen Red Merle Rüden, erwarb er 1939. Aus der Verpaarung mit der Hündin Blue Star, die er auf einer Viehauktion kaufte und deren Abstammung unbekannt war, gingen die Rüden Shorty und Stub hervor – zwei der eindrucksvollsten „trickdogs" Jay Sislers. Der Blue Merle Rüde Shorty (1948–1959) stellt einen eindrucksvollen Vorfahren der heutigen Australian Shepherds in Amerika sowie in Europa dar. Nach Europa kamen die Australian Shepherds erst in den 70er Jahren, als die ersten Quarter Horses aus den Vereinigten Staaten importiert wurden. Der in den Kreisen der Westernreiter sehr beliebte Hund findet auch aufgrund seines ausgeprägten Beschützerinstinkts und beinahe fehlenden Jagdtriebs immer mehr Anhänger unter den Hundeliebhabern.

Zuchtgeschichte

Der *Australian Shepherd Club of America* (ASCA) wurde 1957 in Arizona gegründet. Die offizielle Registrierung übernahm *The International English Shepherd Registry* (IESR), auch als *National Stock Dog*

Registry (NSDR) bekannt, da diese Vereinigung über ein großes Fachwissen in Bezug auf Arbeitshunde verfügte. Die Gründung weiterer kleiner Vereine sollte in den nächsten Jahren folgen.

The International Australian Shepherd Association (IASA), gegründet 1966 mit Sitz in Kalifornien, eröffnete Anfang der 70er Jahre ihre Zuchtbücher. 1971 übernahm der ASCA als Stammclub die offizielle Registrierung der Australian Shepherds und wurde 1980 durch den Zusammenschluss mit der IASA zum größten Einzelrasseclub Nordamerikas mit bisher etwa 135.000 Eintragungen. Der Standard des ASCA trat im Januar 1977 in Kraft. Die Registrierung der Hunde beim ASCA wird langfristig nach sehr fortschrittlichen Gesichtspunkten erfolgen, indem von allen Zuchthunden eine DNA-Analyse verlangt wird. So kann jederzeit überprüft werden, ob die Angaben zur Registrierung eines Hundes oder Wurfes korrekt sind. Durch den „genetischen Fingerabdruck" wird es in Zukunft möglich sein, vererbbare Erkrankungen einzudämmen, vielleicht sogar ganz aus der Zucht zu eliminieren.

Die führende amerikanische Hundezüchterorganisation für alle Rassen, der *American Kennel Club* (AKC), eröffnete 1991 ein Zuchtbuch für den Australian Shepherd und entwickelte einen eigenen Standard, der im Januar 1993 in Kraft trat. Die Clubs veranstalten Schönheitswettbewerbe, Gehorsams- und Arbeitsprüfungen. Die auf diesen Veranstaltungen erworbenen Titel gelten jedoch nur für die im jeweiligen Club eingetragenen Australian Shepherds, da unterschiedliche Anforderungen an die Tiere gestellt werden. Die meisten Aussies in Amerika sind daher doppelt registriert, beim ASCA und beim AKC. Viele Aussie-Liebhaber betrachten diese eigentlich recht positive Entwicklung ihrer Rasse mit gemischten Gefühlen. Da die Wettbewerbsregeln des AKC, der in erster Linie Schönheitskonkurrenzen und Gehorsamsprüfungen durchführt, nicht so streng gehandhabt werden wie die des ASCA, befürchten sie einen allmählichen Verlust des Hüteinstinkts und, wie es schon vielen anderen Rassen erging, eine Unterteilung der Rasse in Show- und Arbeitshunde. Diese Entwicklung wird sich kaum aufhalten lassen. Bereits jetzt, nach nur wenigen Jahren, sind bei Ausstellungstieren deutliche Unterschiede zum ursprünglichen Australian Shepherd zu erkennen.

Anerkennung der Rasse

Die Weltorganisation für Hunde aller Rassen, die *Fédération Cynologique Internationale* (FCI) mit Sitz in Belgien, der u. a. auch Deutschland mit dem *Verband für das Deutsche Hundewesen* (VDH) angeschlossen ist, erkannte den Australian Shepherd im Oktober 1996 mit der FCI-Standard Nr. 342 als Rasse an. Der AKC hatte als Vertragspartner Antrag auf Anerkennung gestellt und seinen Standard im Juli 1996 hinterlegt. Bei Veranstaltungen wie Schönheits-

FCI-Weltsiegerin 2003 Caitland's Spirit of Hamlet BH (Blue Isle To Hold A Dream x Caitland's Spirit of The Wild) Zü.: Markowski/Spence, Bes.: C. & D. Bosselmann

Der Pionier…

konkurrenzen, aber teilweise auch bestimmten Agility- oder Gehorsamswettbewerben, die nach den Regeln der FCI durchgeführt werden, muss der teilnehmende Hund im Zuchtbuch des angeschlossenen Landes bzw. des Vertragspartners registriert sein. Der Hund muss immer im Zuchtbuch des Landes eingeschrieben werden, in dem der Besitzer seinen gesetzlichen Wohnsitz hat. Während die beim ASCA registrierten Australian Shepherds beim AKC selbstverständlich mitsamt ihren Vorfahren eingetragen werden (die Ahnen sind zwangsläufig beim ASCA eingeschrieben, es gibt den Australian Shepherd ja nicht erst seit den 90er Jahren), werden diese vom VDH nur über den Umweg AKC anerkannt. Da allerdings kein in Deutschland lebender Aussie-Liebhaber die Möglichkeit hat, seinen beim ASCA registrierten Hund beim AKC eintragen zu lassen, und die Registrierung beim VDH daher ungeachtet ihrer Vorfahren erfolgt, sind weiterhin alle – und ganz besonders die Züchter – auf die Pedigrees des ASCA angewiesen. Der Australian Shepherd ist schließlich ein Hund mit Tradition.

Nach der Anerkennung der Rasse durch die FCI konnten die wenigsten Aussie-Liebhaber für Ihre bereits in Deutschland lebenden Tiere – und erst recht nicht für die älteren – Export-Pedigrees des AKC vorlegen. Daher gibt es bei uns, im Gegensatz zum Ursprungsland Amerika, wo die Australian Shepherds ganz einfach ASCA/AKC registriert sind, Hunde (selbst Wurfgeschwister) mit unterschiedlichen Abstammungsnachweisen. Der einzige Klub der von der FCI in Amerika anerkannt ist – ohne Mitglied zu sein – (und von dem die FCI gleichfalls auch die Ahnentafeln und Richter anerkennt), ist der AKC. Infolgedessen hat der VDH nur diejenigen vom AKC ausgestellten Ahnentafeln zu akzeptieren. Im Falle wo *unbekannte* Abkömmlinge auf der Ahnentafel vorkommen, ist der VDH *berechtigt,* die Einschreibung im Zuchtbuch zu verweigern und diesen Hund im Anhangregister einzuschreiben. Auch in Europa, genauer gesagt in Deutschland, Schweden, England, Frankreich, Österreich, Belgien, Norwegen den Niederlanden und in der Schweiz, wurden in den letzten Jahren spezielle Rasseclubs für den Australian Shepherd gegründet. Mit Informationsveranstaltungen, Ausstellungen, Gehorsamstraining, Agility- und Hüteseminaren geben sie ihren Mitgliedern die Möglichkeit, aktiv mit ihren Hunden zu arbeiten oder eine Ausbildung zum Begleithund zu absolvieren.

Der *Australian Shepherd Club Deutschland e.V.* (ASCD) wurde 1988 gegründet. Er war bis vor kurzem der einzige Rasseverein außerhalb Amerikas, wenn man von Kanada einmal absieht, der dem ASCA direkt angeschlossen ist. Die abgehaltenen Conformation-Shows, zu denen bekannte amerikanische Richter, die auch Züchter der Australian Shepherds sind, geladen werden, verdienen daher besondere Aufmerksamkeit. Die Australian Shepherd Association Germany e.V. (ASAG) bildete sich 1994.

In England gibt es den *Australian Shepherd Club of the U.K.* (ASCUK) und in der Schweiz den *Australian Shepherd Club Switzerland (ASCS)*, der 1991 gegründet wurde. Auch hier wird durch verschiedene Veranstaltungen u. a. die Ausbildung gefördert, um den Australian Shepherd als Arbeitshund zu erhalten. Der *Western Europe Working Australian Shepherd Club* in Schweden schloss sich 2002 dem ASCA an. Mitglieder des VDH haben sich in der IG Australian Shepherd zusammengeschlossen, denn zurzeit wird das Zuchtbuch der von der FCI anerkannten Australian Shepherds in Deutschland, mit bisher etwa 450 Eintragungen, noch beim VDH direkt geführt. Es wird aber angestrebt einen Rassehunde-Zuchtverein für den Australian Shepherd zu gründen, der sich an den Richtlinien des VDH orientiert und somit als Mitgliedsverein des VDH/FCI anerkannt ist. Dann besteht die Möglichkeit auch öfter einmal Richter des AKC einzuladen, um die Aussies von langjährigen Züchtern aus Amerika beurteilen zu lassen. Es bleibt den Aussies zu wünschen, dass verantwortungsbewusste Züchter, Richter und auch Besitzer sie trotz ihres enorm zunehmenden Bekanntheitsgrades nicht zum „Modehund" verkommen lassen.

... Blue Galaxy; Erster Australian Shepherd in Deutschland mit Zuchtzulassung des VDH im Juli 1998.
Zü. & Bes.: I. Pelz

Hirtenhunde (hier der Slovensky Cuvac) sind sehr eigenständig ...

... und bewachen die Herden ohne Hilfe des Menschen (Mastin de los Pirineos).

Sie haben ein sehr robustes Fell (Komondor) ...

... mit dem sie vor jeder Witterung geschützt sind (Do Khyi).

Die Arbeit mit dem Vieh

Über die vierbeinigen Helfer bei der Arbeit mit dem Vieh gibt es kaum Heldengeschichten. Ihre Taten wurden nicht verherrlicht wie die der Wind- und Jagdhunde der Adligen und Edelleute. Sie lebten bei einfachen Menschen und halfen ihnen, ihr tägliches Brot zu verdienen. Auch konnte man es sich nicht leisten, Hunde zu halten, die ihre Aufgaben nicht erfüllen konnten. Daher wurde nur mit Hunden gezüchtet, die auch die Fähigkeit besaßen, ihre Arbeit zu bewältigen.

Hirtenhunde

Es gab die Hirtenhunde. Dies waren große, robuste Tiere, welche die Aufgabe hatten, die Herden vor Angreifern wie Bären, Wölfen oder zweibeinigen Räubern zu schützen. Ihr Fell war zottig und weiß. Zottiges Fell ermöglichte ihnen die Arbeit bei jedem Wetter. Die weiße Farbe wurde bevorzugt, um eine Verwechslung mit Wölfen im Dunkeln auszuschließen. Fremden gegenüber waren und sind Hirtenhunde misstrauisch. Es sind gute Wach- und Schutzhunde mit zum Teil aggressivem Erbgut, die eine konsequente, aber keinesfalls grobe Erziehung benötigen. Am meisten vertreten sind heute der Kuvasz und der Pyrenäen Berghund, seltener der Kommondor. Sie haben sich eine gewisse Unabhängigkeit vom Menschen bewahrt.

Treibhunde

Ähnlich wie die Doggen sollen auch die Treibhunde als Kampf- und Arbeitshunde mit den Römern über die Alpen zu uns gekommen sein. Da es in der damaligen Zeit keine Transportmittel wie z. B. die Eisenbahn gab, musste das Vieh vom Erzeuger zum Markt getrieben werden. Dabei waren unerschrockene, ausdauernde Hunde mit viel Kraft und Durchsetzungsvermögen eine große Hilfe. Durch Kneifen in die Fesseln trieben sie das Vieh voran. Dies geschah weniger in aggressiver Form, sondern mehr in spielerischer Art und Weise. Das Umkreisen der Herde war unerwünscht. Farbe und Größe waren weniger wichtig, eine gewisse Behändigkeit jedoch von

Vorteil. Typische Vertreter sind heute der Rottweiler und der Bouvier des Flandres, seltener der Australian Cattle Dog.

Hütehunde

Erst als in Europa die natürlichen Feinde der Herden durch Bejagung und zunehmende Besiedlung nahezu ausgerottet waren, die Schlachtviehzucht in Ställe verlagert wurde und den Transport die Eisenbahn übernahm, wurden die Schäferhunde zu den eigentlichen Hütehunden. Die großen Hirtenhunde und Packer wurden nicht mehr gebraucht, in weitaus geringerer Anzahl bewachten sie nun Haus und Hof. Die Ausbreitung der Schafzucht, bedingt durch die industrielle Verarbeitung der Wolle und die immer größer werdenden Schafherden, machte flinke, ausdauernde Traber nötig: Hütehunde, die bei jedem Wetter unermüdlich ihre Herde auf den weiten Wanderungen begleiten konnten, die robust gegenüber Witterungseinflüssen und mit Beschützerinstinkt ausgestattet waren. Zudem war eine leichte Führigkeit und eine enge Verbundenheit zu ihrem Herrn sowie selbstständiges Denken unabdingbar, um die Aufgaben erfüllen zu können. Es gab und gibt sie in den unterschiedlichsten Farbschlägen. Heute noch arbeitende Hütehunde sind hauptsächlich verschiedene bodenständige Hütehundschläge sowie u. a. der Border Collie, der Australian Kelpie, der Pyrenäen-Schäferhund und der Australian Shepherd.

Flinke, ausdauernde Traber sind nötig, die ihre Herde auf weiten Wanderungen begleiten können. „Meggie" bei der Arbeit.

Herdengebrauchshund

Die Aufgaben des Herdengebrauchshundes, der seine Herde über weite Strecken begleitet, bestehen hauptsächlich aus dem so genannten „Wehren", das heißt das Abwehren der Schafe vor Hindernissen. Er hat einerseits Gefahren von den Tieren abzuwenden (z. B. an Straßen oder Flüssen) und andererseits dafür zu sorgen, dass nur die erlaubten Flächen abgegrast werden. Auch hat er Nachzügler zu holen und einzelne Schafe daran zu hindern, eigene Wege zu gehen. Alles sollte so ruhig wie möglich und ohne großes Gebell (nur wenn nötig) vor sich gehen. Auch hat jeder Flankenwechsel vor den Tieren zu erfolgen, um Unruhe in der Herde zu vermeiden. Was zu tun ist, erfährt der Hütehund durch Hör- und Sichtzeichen vom Schäfer, den er niemals aus den Augen lässt. Wird ihm die Sicht durch Tiere versperrt, vollführt er hohe Luftsprünge oder besteigt, wie es beim Australian Kelpie häufig zu sehen ist, sogar den Rücken der Schafe, um den Kontakt nicht zu verlieren. Erfahrene Hunde arbeiten in vielen Bereichen selbstständig.

„Chip" bei der Arbeit mit etwa 500 Heidschnucken.

Aber auch an den Schäferhunden ging die Entwicklung nicht vorbei. Neue technisch produzierte Stoffe und internationaler Handel ließen die Wollpreise sinken. Die großen Schafherden werden in Europa immer seltener. In Niedersachsen leben beispielsweise noch etwa 220.000 Schafe, davon gut 20.000, überwiegend Heidschnucken, bei uns in der Heide. Die Schäfer bevorzugen Hunde, die Tiere von vorn am Entkommen hindern. Das Kneifen in die Fesseln der Hinterläufe, wo sich bei Heidschnucken keine Wolle befindet, ist nicht erwünscht. Im Allgemeinen wird hier mit einem einzelnen Hund gehütet. Zwei Hunde verbreiten Unruhe, denn die gegenseitige Eifersucht, alles besser zu können, behindert manchmal die Arbeit. Über weite Strecken, an Feldern oder Straßen, sind jedoch zwei Hunde, ein Haupthund und ein Beihund, von Vorteil.

Meggies erster Einsatz als Hütehund kam für uns beide recht unerwartet. Eine Herde von etwa 500 Moor- und Heidschnucken hatte sich gegen Morgen selbstständig gemacht und blockierte die Straße. Meggie benötigte nur wenige Minuten, um einzelne Tiere aus den angrenzenden Feldern zu holen und die gesamte Herde, etwa einen halben Kilometer weit, auf den nächstgelegenen Deich zu treiben. Man mochte kaum glauben, dass dies ihre erste Arbeit mit Schafen war.

Koppelgebrauchshund

Wird nur eine kleine Herde gehalten, leben die Tiere in eingezäunten Bereichen, der so genannten Koppel. Die Arbeit des Koppelgebrauchshundes besteht weniger aus dem „Wehren", sondern mehr aus dem „Treiben". Er hat auf Kommando die Schafe heranzubringen, auch wenn Hindernisse den kürzesten Weg versperren sollten. Er muss einzelne Tiere aussondern können, um sie dem Schäfer zuzutreiben, damit er sie fangen kann.

Auch sollte er in der Lage sein, Mutterschafe, die recht aggressiv werden können, von ihren Lämmern zu trennen. Die Aufgaben des Hütehundes sind heute recht vielfältig. Abhängig davon, ob es sich um Schafe, Rinder, Enten oder anderes Vieh handelt, das getrieben werden muss, ist eine andere Arbeitsweise notwendig. Widerspenstige Rinder oder Hammel muss er manchmal wirklich beißen, um seinen Willen durchzusetzen. Vor Hörnern und ausschlagenden Hufen muss er sich in Acht nehmen. Mit Mutterschafen oder Lämmern ist sanfter umzugehen. Hier sollte allein das Drohen reichen. Viele Aussies sind in der Lage, jede Art von Vieh zu hüten.

Die Aufgaben eines Hütehundes sind für ihn selbst nicht ungefährlich. Hat das Vieh keinen Respekt vor dem Hund, kann er mit ihm nicht in der erwünschten Weise arbeiten.

Australian Shepherds haben eine autoritäre Arbeitsweise. Hüteseminar bei Gesa Kuhn mit Heidschnucken und Skudden.

Wichtig

Ein ausgeprägter Hütetrieb, gute Nerven, Gehorsam und eine enge Beziehung zu seinem Herrn sind erforderlich, um die gewiss nicht leichten Aufgaben eines Hütehundes bewältigen zu können.

Der Hütetrieb

Der Hüteinstinkt des Australian Shepherd ist angeboren. Seine autoritäre Arbeitsweise muss aber durch Erziehung und Training in die gewünschten Bahnen gelenkt werden. Es handelt sich um natürliche Verhaltensweisen, die ihren Ursprung im Sozial- und Beuteverhalten des Wolfes haben. Verstärkt wurde dieses Verhalten durch Selektion. Wildhunde und auch die Vorfahren unserer Haushunde, die Wölfe, jagen im Rudel. Die typischen Verhaltensweisen der im Rudel jagenden Caniden sind genetisch bestimmt – und ebenso die typischen Verhaltensmuster der Beutetiere, die auf jede Bewegung des Feindes reagieren. Die Beute kann an der Körperhaltung des Jägers durchaus erkennen, wann es gefährlich ist und wann nicht. Kommt ein Hütehund auf eine Herde zu, rückt sie erst einmal näher zusammen, ohne den Hund dabei aus den Augen zu verlieren. Ab einer gewissen Distanz machen die Schafe kehrt und bewegen sich immer in einem Winkel von 180 Grad von dem sich nähernden Hund weg, um den Abstand zu vergrößern. Die Distanz zwischen

Hund und Schaf ist davon abhängig, wie bedrohlich die Körperhaltung und der Blick des Hütehundes auf das Tier wirken. Der Border Collie, als „Spezialist" für Schafe, ist wie viele Australian Shepherds auch allein durch Anstarren bei geduckter Körperhaltung – man nennt dies „Auge zeigen" – in der Lage, Schafe zu treiben. Dabei nimmt der Aussie jedoch weniger eine niederkauernde Stellung ein, sondern eher die eines Vorstehhundes. Auch ein sich nähernder hungriger Wolf wird die Herde nicht sofort angreifen. Zusammen mit seinen Rudelmitgliedern wird er die Beute in immer enger werdenden Kreisen an der Flucht zu hindern versuchen. Während sich ein kräftiger Wolf vor der Herde versteckt oder eine Gruppe den Fluchtweg abschneidet, wird das Opfer von schnelleren Artgenossen in die gewünschte Richtung getrieben. Dabei wird die Laufrichtung der Beute auch durch Schnappen in die Fesseln oder Flanken beeinflusst. Ein Hütehund arbeitet oft allein, aber nach demselben Prinzip. Er ersetzt das Rudel, indem er anfangs die richtige Distanz zur Schafherde bestimmt. Anschließend wird er ständig seine Positionen wechseln, um Plätze einzunehmen, die eigentlich von seinen ihm fehlenden Artgenossen zu besetzen wären. Durch Niederducken und Anstarren hindert er einzelne Schafe daran, sich vom Rest der Herde zu entfernen. Auch der Instinkt des Australian Shepherd, die Tiere von vorn am Entkommen zu hindern (heading dog) oder durch Kneifen in die Fesseln zu treiben (driving dog), ist genetisch bedingt. Der letzte Teil der Beutefanghandlung bleibt jedoch aus. Dieser Instinkt wurde durch Selektion aus Hütehunden weitestgehend herausgezüchtet bzw. durch Erziehung abgeblockt.

Die Sozialisierungs- und Prägephase wird schon dahingehend genutzt, dass eine Sozialisierung mit anderen Hunden weniger gewünscht ist und mit der Herde vermieden werden muss. Es muss immer eine gewisse Kluft zwischen Hund (Jäger) und Schaf (Beute) bestehen. Die Bindung an den Menschen dagegen kann gar nicht eng genug sein, denn das Rudel besteht aus Schäfer und Hund.

Wichtig

Die typischen Verhaltensweisen sind angeboren und müssen nicht durch Training erlernt werden. Sie werden allerdings durch sorgfältige Erziehung in die richtigen Bahnen gelenkt, die damit beginnt, dass ein Hütehund niemals die Herde jagen oder angreifen darf.

Rettungshund M & M's Indian Summer Star „Csilla" (ASCA Ch. Prizm's Inside Track x M&M's Alaskan Cuty) Zü.: M. & Dr. M. Seifert, Bes.: Dr. I. Güthle

Der vielseitige Arbeitshund

Seine besondere Intelligenz, sein Mitdenken, sein selbstständiges Handeln und vor allen Dingen sein Arbeitseifer und seine Freude am gemeinsamen Tun, dem Willen gefällig zu sein („the will to please") befähigen den Australian Shepherd besonders, im Dienste des Menschen zu stehen. In Amerika hilft er Gehörlosen, Blinden und Rollstuhlfahrern ihr Alltagsleben angenehmer zu gestalten und nicht ständig auf menschliche Hilfe angewiesen zu sein. Als Therapiehund besucht er in Krankenhäusern psychisch kranke Menschen, die über den Kontakt zu ihm wieder den Kontakt zu ihrer Umgebung und ihren Mitmenschen aufnehmen. Auch Kindern bei längeren Krankenhausaufenthalten und älteren Leuten in Heimen kann er Freude bringen und helfen, das Leben etwas positiver zu sehen. Rettungshunde helfen u. a. vermisste Menschen im Gelände, unter Trümmern, Lawinen oder im Wasser aufzuspüren. Ihre Nase ist in der Lage, Spuren zu suchen und bei der Suche nach Drogen, Sprengstoff und Leichen zu helfen. Aufgrund seiner mittleren Größe, der Beschaffenheit seines Fells, seiner Ausdauer und seiner Fähigkeit, in vielen Situationen auf sich selbst zu achten, ist der Australian Shepherd auch für diese Arbeiten gut geeignet. Möchte man als Mensch gemeinsam mit seinem Hund seinen Mitmenschen helfen, kann man sich auch bei uns in Deutschland einer Rettungshundestaffel anschließen. Die intensive Ausbildung des Hundes wird zum Beispiel beim Deutschen Roten Kreuz durch Schulungen in Erster Hilfe bzw. beim Technischen Hilfswerk durch eine technische Ausbildung des Hundeführers begleitet. Eine Voraussetzung für viele Spezialausbildungen ist die bestandene Prüfung zum verkehrssicheren Begleithund. Der angeborene Hüteinstinkt, verbunden mit außergewöhnlicher Behändigkeit und beachtenswerter Intelligenz, machen den Australian Shepherd zu einem der besten und vielseitigsten Helfer bei der Arbeit mit dem Vieh. Er hilft geschickt und zuverlässig beim Umgang mit jeder Art von Tieren. Wer seine Fähigkeiten zu schätzen gelernt hat, möchte kaum mehr auf seine Hilfe verzichten.

Hütewettbewerbe

In Amerika werden große Hütewettbewerbe, so genannte „Stockdog Trials", ausgetragen. Je nach Ausbildungsstand gibt es verschiedene Klassen mit unterschiedlichem Schwierigkeitsgrad. Bewertet wird nach einem Punktesystem. Die Australian Shepherds haben so die Gelegenheit, ihr Können bei der Arbeit mit Rindern, Schafen oder Enten unter Beweis zu stellen. Viele arbeiten wochentags auf der Farm oder Ranch und nehmen an Wochenenden an den Wettbewerben teil. So gibt es nicht nur Schönheits-Champions (Ch.) oder Gehorsams-Champions (OTCH.), sondern auch Working Trial Champions (WTCH.). Bei manchen sind Schönheit und Leistung vereint. Will man bei uns in Deutschland mit seinem Aussie an einem Hüteseminar teilnehmen, sei es, weil man beabsichtigt, mit seinem Hund zu arbeiten, oder aber seinen Aussie besser kennen lernen möchte, indem man sich intensiver mit seinem Hütetrieb auseinander setzt, wendet man sich am besten an die Vereine. Es gibt auch Hundeschulen, die sich auf alle Arten von Hütehunden spezialisiert haben und individuelles Training mit einer eigenen Schafherde anbieten. In der heutigen Zeit haben in Amerika sowie in Europa jedoch nur noch einige Aussies das Glück, in ihrem nicht ungefährlichen Aufgabenbereich, für den sie ursprünglich gezüchtet wurden, zu arbeiten, die überwiegende Anzahl nicht. Wir können unseren Hunden jedoch als Ausgleich andere Arbeitsmöglichkeiten bieten, die durchaus auch aus Sport, Spiel und Spaß bestehen dürfen.

Instinktverhalten bei der Arbeit „Auge zeigen" (Marburg's Meggie BH). Bes.: I. Pelz

Haltung und Pflege

Ein Arbeitshund in der Familie?

Die Familie ist sich einig – wir brauchen einen Hund! Auch das letzte Familienmitglied wurde von dieser Notwendigkeit überzeugt, Literatur studiert und das Für und Wider der verschiedenen Rassevertreter in der Nachbarschaft diskutiert. Welcher soll es denn nun sein? Da gibt es kleine und große, dicke und dünne, lang- und kurzhaarige, rau- und stockhaarige. Eigentlich ist für jeden „Geschmack" etwas dabei. Allerdings bringt die Auswahl nach Äußerlichkeiten nicht unbedingt auch die erhoffte Freude in die Familie. Die Hunderassen unterscheiden sich sehr in ihren Ansprüchen. Dies gilt nicht nur für die Mengen des Futters, die Längen der Spaziergänge oder den bei einigen Rassen enormen Zeitaufwand für die Fellpflege. Viel wichtiger ist noch, dass der Hund von seinem Wesen und Temperament her zum Lebensstil und Charakter des Halters passt. Nur dann kann er physisch und psychisch gesund bleiben und die Erwartungen, die in ihn gesetzt werden, erfüllen. Es ist schon sehr wunderlich, wenn sich viele Welpen-Interessenten scheinbar nur für die Farbe und spätere Größe interessieren. Beim Kauf eines Autos oder technischen Gerätes für den Haushalt werden ganz andere Maßstäbe angesetzt. Hier erwirbt man das für seine Zwecke nützlichste Gerät und hält sich an die Gebrauchsanweisung – damit bloß nichts kaputt geht. Entscheidet man sich für einen Hund, der die Familie für viele Jahre durchs Leben begleiten soll, muss man ihn auch verstehen, um ihm ein rassegerechtes Leben bieten zu können.

Ansprüche an sein Zuhause

Das ideale Zuhause für einen Australian Shepherd liegt auf dem Land oder in der Vorstadt mit einem großen, sicher eingezäunten Grundstück. In Haus und Garten sollte er sich möglichst frei bewegen können. Der Australian Shepherd ist kein Hund für ein Appartement in der Stadt. Sein Arbeitswille und die Energie, die in ihm steckt, erfordern tägliche Übungen. Es gibt aber durchaus Hunde anderer Rassen, die mit solchen Lebensverhältnissen gut zurechtkommen. Ist man ganztägig berufstätig und acht oder neun Stunden außer Haus, ist es besser, seinen Wunsch nach einem Australian Shepherd oder überhaupt einem Hund auf spätere Zeiten zu verschieben. Es sei denn, irgendein Familienmitglied ist die meiste Zeit zu Hause. Der Australian Shepherd braucht den ständigen Kontakt mit dem Menschen, auch dann, wenn es einmal unbequem ist. Als erwachsenen Hund kann man ihn für vier, fünf Stunden allein lassen. Anschließend jedoch muss für ihn etwas ganz Schönes passieren, etwas, für das sich das lange Warten gelohnt hat. Ein junger Aussie unter 6 Monaten muss ständig beaufsichtigt werden, damit er sich selbst keinen Schaden zufügt.

Kind und Hund können ein ideales Team werden, wenn man einige Dinge im Umgang mit Hunden beachtet.

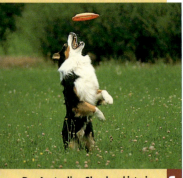

Der Australian Shepherd ist ein unermüdlicher Arbeitshund ...

... der ohne Beschäftigung unausgeglichen werden kann und eigene Aufgaben sucht.

Er liebt jede Art von Sport & Spiel, wie z. B. Frisbee, und ist ein sehr geschickter Fänger.

Schnell wird die Frisbee zurückgebracht, damit das Spiel wieder von vorne beginnen kann.

Für sein seelisches Wohlbefinden benötigt er die Nestwärme seiner Familie. Wird dieses ganz enge Kontaktbedürfnis ignoriert, kann dies zu einer seelischen Verletzung führen, welche zeitlebens Nachwirkungen zeigt. Der Australian Shepherd gehört zu den intelligentesten Hunden. Er besitzt einen großen Lern- und Arbeitswillen. Seine Familie sollte deshalb Lust und Zeit zum täglichen Training haben. Auch benötigt er ständigen Kontakt zu seiner Umwelt. Der freie Aufenthalt im Haus und auf dem Grundstück reichen nicht aus. Er muss auch andere Menschen und Tiere kennen lernen können. Als Begleiter bei Ausritten, Fahrradtouren oder Spaziergängen von etwa drei bis sechs Kilometern täglich findet er die für sein körperliches Wohlbefinden nötige Bewegung. Ein Rundgang durch die Straßen der näheren Umgebung mit dem angeleinten Hund kann durchaus mit dem Training der Leinenführigkeit oder der Kontaktpflege in der Nachbarschaft verbunden werden. Um gesund zu bleiben, benötigt er jedoch freien Auslauf möglichst dort, wo keine Autos fahren.

Fremden gegenüber reagiert der Australian Shepherd zurückhaltend, jedoch nicht grundsätzlich misstrauisch. Besucher werden erst einmal ein paar Minuten nachdenklich beobachtet, ohne Anzeichen von Aggression. Freunde der Familie werden mit überschwänglicher Freude begrüßt. Der Australian Shepherd schließt sich sehr eng seiner Familie an. Man kann ihn nicht einfach wieder weggeben oder während des Urlaubs in einer Tierpension unterbringen. Im Idealfall darf er immer und überall dabei sein und mitmachen, denn nur dann fühlt er sich als vollwertiges Familienmitglied – Teamwork ist seine große Stärke.

Beschäftigung

Ein Australian Shepherd ohne Job ist ein unausgeglichener Hund. Seine „Arbeit" darf aber durchaus auch aus Sport und Spiel bestehen. Auch im normalen Alltagsleben gibt es so viele Dinge, die er tun kann. Er kann die Zeitung hereinbringen oder bei der Gartenarbeit helfen, indem er an anderer Stelle vergessene Gegenstände sucht und holt. Er kann Nachrichten auf Zetteln überbringen, z. B. dass das Mittagessen fertig ist, oder Bleistifte aufheben, die einem Autoren heruntergefallen sind. Er beschützt seine Familie und bewacht Haus und Grundstück. Auch unterwegs wird er alles, was zur Familie gehört, verteidigen. Es gibt so viel für ihn zu tun. Alle Aufgaben erfüllt der Australian Shepherd mit großer Begeisterung und mit dem anschließend fragenden Blick: „So, und was machen wir jetzt?" Haben wir vor zu verreisen und beladen das Auto mit Koffern und sonstigen Utensilien, sind unsere Hunde sofort bei der Sache und packen ihr eigenes Spielzeug dazu – sie denken mit.

Meine Meggie ist nicht nur eine gute Haushaltshilfe, sie ist der geborene Spürhund. Versteckte Gegenstände und auch Menschen sucht sie mit großer Gründlichkeit und Ausdauer – und findet sie

Ein Arbeitshund in der Familie?

Unterwegs bleibt der Aussie bei seinem „Rudel" – er stöbert nicht.

auch. Auf jedes Erfolgserlebnis reagiert sie mit überschäumender Lebensfreude. Mein Chip war als Junghund ein Verpackungskünstler. Kauknochen oder Spielsachen, die ihm besonders wichtig erschienen, wurden sorgfältig und mit viel Geduld in Hundedecken oder Flickenteppiche eingewickelt. Er liebte es, mit seiner Nase Blasen im Wassernapf zu machen und die Fische im Teich in einer Bucht zusammenzutreiben. Heute, als längst erwachsener Hund, hat er sich ernsthafteren Dingen zugewandt. Er legt größten Wert auf Körperpflege und kennt alle Tricks, wie er sich selbst ein gepflegtes Äußeres verschafft. Bekommen wir z. B. eine Hündin mit ihrer Familie zu Besuch, wird erst einmal ein Bad genommen. Vielleicht will er ihr aber auch nur zeigen, was für ein hervorragender Schwimmer er doch ist, wir wissen es nicht so genau. Besonders wertvolle Dinge, wie bestimmte Leckerlis, werden auch heute noch von ihm hinter dem Sofa oder der langen Gardine versteckt. Allerdings kann er im Gegensatz zu Meggie, die einen Hundekeks auf der Zunge haben kann ohne zu kauen, in der Hoffnung einen weiteren zu erhalten, schlecht schummeln. Sehe ich ihn an, wandert sein Blick zwischen mir und seinem Versteck hin und her, er wird unsicher und holt das gute Stück lieber wieder hervor, bevor es noch ein anderer entdeckt.

Ansprüche an den Halter

Der Australian Shepherd braucht einen ruhigen, konsequenten Besitzer, der aber auch Spaß daran hat, viel mit ihm zu spielen. Seinen Bewegungs- und Beschäftigungsdrang muss er ausleben können. Gelangweilt wird er sich selbst Aufgaben suchen, die nicht unbedingt mit den Vorstellungen der Familie übereinstimmen müssen. Zerkautes Familieneigentum, ein oft umgegrabener Garten oder häufiges Bellen sind nicht jedermanns Sache. Jeder Australian Shepherd besitzt seine eigene Individualität, wie jeder Mensch auch.

Er ist gewillt, gemeinsam mit seinem Menschen etwas zu tun, und wird Eigenarten entwickeln, die eine angemessene Reaktion seitens des Halters erfordern. Macht man sich hier nicht die Mühe, auf seine Individualität einzugehen, wird man nebeneinander her, aber nicht miteinander leben, obwohl doch gerade diese Gemeinschaft von Hund und Mensch angestrebt wird. Charakterliche Eigenschaften sind zum großen Teil durch jahrelange Zuchtauslese genetisch vorgegeben. Jedoch wird oft unterschätzt, wie wichtig eine optimale Welpenaufzucht in der Präge- und Sozialisierungsphase ist, sowohl beim Züchter als auch im neuen Zuhause. Es gibt nichts, welches ein Aussie nicht lernen und mit Freude mitmachen würde. Ob er sich allerdings zu einem angenehmen Familienhund entwickeln wird, hängt davon ab, welches Leben ihm geboten werden kann. Unterschätzt man seine Intelligenz und bietet ihm weder genügend Beschäftigung noch ausreichende Erziehung, wird er eher zu einer Belastung. Der Australian Shepherd ist daher nichts für Leute, die ihre Freizeit am liebsten auf dem Sofa oder vor dem Fernseher verbringen. (Obwohl auch der Aussie Tierfilme, besonders mit Artgenossen, mit großem Interesse verfolgt.) Er ist jedoch ein idealer Begleithund für die aktive, naturverbundene Familie mit Hundeverstand. Wenn alle Familienmitglieder bereit sind, ihr Leben, dort wo es nötig ist, auf ihr neues Familienmitglied einzustellen, wenn sie sich die Mühe machen, ihren Hund zu verstehen, werden sie in ihrem Aussie einen treuen Freund finden, der mit seiner Intelligenz und Begeisterungsfähigkeit das Familienleben täglich aufs Neue bereichert.

Warum ein Australian Shepherd?

Der Australian Shepherd gehört zu den ursprünglichen Hunderassen, die in ihrem Verhalten ihren Vorfahren, den Wölfen, recht nahe stehen. Seine Züchter haben sorgfältig darauf geachtet, seine Instinkte zu bewahren, um einen perfekt arbeitenden Hütehund zu erhalten. Er besitzt, wie sein Vorfahr, der Wolf, einen starken Rudelinstinkt. Auf Hör- und Sichtzeichen reagiert er sensibel und Fremden gegenüber verhält er sich zurückhaltend. Er verfügt über eine hohe Intelligenz, einen großen Arbeits- und Lerneifer und einen ausgeprägten Wach- und Schutzinstinkt. Sein „will to please", sein Wunsch gefällig zu sein, seine scheinbar unendliche Geduld und Ausdauer, seine enorme Anpassungsfähigkeit und auch die Ruhe, die er zu Hause ausstrahlt, wenn es nichts zu tun gibt, haben ihn

Wichtig

Nur wenn die ererbten Instinkte und einzigartigen Veranlagungen des Aussies respektiert werden, können Hund und Halter miteinander glücklich werden.

Kunststückchen liebt der Aussie ganz besonders und lernt schnell, z. B. einen Wasserball mit der Schnauze wieder Richtung Frauchen zu stoßen.

auch als Familienhund interessant gemacht. Aber der Wunsch nach einem hübschen, mittelgroßen Hund allein reicht nicht aus. Viel zu viele Aussies werden nicht verstanden! In Medienberichten oder auf verschiedenen Veranstaltungen kann man Australian Shepherds sehen, die Höchstleistungen bei der Hütearbeit, beim Agility, Obedience usw. vollbringen, oder man ist beeindruckt von der Wohlerzogenheit eines Australian Shepherd in der Nachbarschaft. So einen Hund möchte man auch haben! Meist wird unterschätzt, wie viel gemeinsame Arbeit und Zeit dahinter stecken. Wir übernehmen die Verantwortung, unseren Aussie rassegerecht zu halten, denn nur so kann er physisch und psychisch gesund bleiben. Dies bedeutet, dass wir uns mit seinem Wesen und dem Leben seiner Vorfahren auseinandersetzen müssen, um in der Lage zu sein ihn zu verstehen. Oft wird sein Bedürfnis nach freiem Auslauf überbewertet, aber die Anforderungen an seine Intelligenz vernachlässigt. Werden seine Grundbedürfnisse respektiert und darf er intensiv am Familienleben teilnehmen, benötigt er keine extreme Beschäftigung. Allerdings ist es für ihn sehr wichtig, dass er überhaupt etwas für seine Menschen, als Mitglied seines Rudels, tun darf. Mit der Anerkennung der Rasse waren viele Veränderungen verbunden. Der Show-Hund ist in den Vordergrund gerückt. Und schon gibt es Anfragen nach Australian Shepherds ohne Hütetrieb. Ein Hütehund ohne Hütetrieb? All seine Instinkte und besondere Qualitäten sowie seine Intelligenz, für die der Aussie so geschätzt wird, sind die selben natürlichen Instinkte, mit deren Hilfe ein hervorragender, vielseitiger Arbeitshund geschaffen wurde. Um den Australian Shepherd in seiner Ursprünglichkeit zu erhalten, ist es wichtig, auch seine Instinkte zu akzeptieren. Schönheit und Leistung lassen sich durchaus miteinander vereinbaren.

Info

Ein Australian Shepherd beschützt und bewacht alles was zur Familie gehört – zu Hause und unterwegs.

Bonacker's Chiparopay (Brandomar Mad Max x Wyldrose Black Beauty); EKV-Weltsieger 1995. Bes.: H. Hommel

VDH Ch. Mill Creek's Gamblin Man (links), Caitland's Spirit of Hamlet (FCI-Weltsieger 2003 rechts), Jake Rosebud of Crana (oben). Bes.: C. & D. Bosselmann

Rüde oder Hündin?

Eigentlich ist es vollkommen egal, ob man sich für einen Rüden oder eine Hündin entscheidet. Beide sind gleichermaßen lernfreudig und ihrer Familie eng verbunden. Die weit verbreitete Meinung, dass eine Hündin anhänglicher sein soll, ist sicher ein Vorurteil, denn die Beziehung zwischen Mensch und Hund ist vom unterschiedlichen Charakter eines jeden Individuums und dem Umgang miteinander abhängig und hat weniger etwas mit dem Geschlecht zu tun. Ein Australian-Shepherd-Rüde ist im Allgemeinen etwas größer und imposanter als eine Hündin. Manche Menschen empfinden es als etwas lästig, wenn er bei Spaziergängen häufig sein Bein hebt oder manche Büsche im Garten unter ihm zu leiden haben. Hündinnen hinterlassen dafür gelbbraune Flecken auf dem Rasen, besonders wenn die Sonne scheint, und als Ausgleich entsteht rund um den hässlichen Fleck besonders üppiges Grün. Eine Aussie-Hündin wird alle sechs bzw. acht bis neun Monate für etwa drei Wochen läufig, welches die Unbequemlichkeit mit sich bringt, dass man während dieser Zeit etwas unflexibel ist, da sie nun nicht überall hin mitkommen darf. Hormonell bedingt kann es zu überstürztem Haarwachstum kommen. Dabei werden die Ruhehaare aus den Follikeln gedrängt und teilweiser Haarausfall ist die Folge. Überhaupt ist das Fellvolumen einer Hündin im Allgemeinen etwas weniger ausgeprägt. Ein Aussie-Rüde wiederum kann sich durch die Düfte der läufigen Hündinnen in der Nachbarschaft sehr angezogen fühlen, was sich auch in einer Art Schwerhörigkeit oder dem Überwinden bis dahin unüberwindlicher Zäune bemerkbar machen kann.

Zwei Aussies – doppeltes Glück

Ideal ist die Haltung von zwei Hunden. Sie spielen viel miteinander, sind nie allein und machen auch, abgesehen von der individuellen Erziehung oder Ausbildung, kaum mehr Arbeit. Mit Sicherheit sind zwei Aussies in der Familie glücklicher als ein Einzelhund. Lebt bereits ein älterer Hund (über sechs Jahre) im Haushalt, wird er sich vielleicht, dies ist auch abhängig von seiner Rasse und seinem Wesen, nicht mehr so leicht mit einem Neuankömmling abfinden wollen. Mit jüngeren Hunden gibt es selten Probleme. Ein Rüde freut sich im Allgemeinen sehr über einen Welpen. Ist dieser auch ein Rüde, sind allerdings spätere Machtkämpfe nicht ganz auszuschließen, aber weitestgehend zu vermeiden, wenn man sich nicht gerade den dominantesten Welpen des Wurfes aussucht. Eine Hündin, die ohnehin immer etwas ernster als ein Rüde erscheint, zeigt sich manchmal etwas weniger erfreut, akzeptiert den Welpen aber normalerweise problemlos. Ist der Aussie-Welpe ebenfalls weiblich, kann es später zu Rangordnungskämpfen kommen, die im Gegensatz zu den Machtkämpfen der Rüden zu lebenslanger Feindschaft führen können. Dies kommt glücklicherweise nur sehr selten vor, ist aber bei der Auswahl des Welpen schon zu bedenken. Hündinnen untereinander sind manchmal etwas zänkisch. Ideal für die Tiere ist ein Hundepaar, möglichst derselben Rasse. Dies bringt für die Menschen allerdings alle paar Monate etwas Unordnung in die Familie. Aber ein wahrer Tierfreund wird auch damit fertig.

Kinder und Hunde

Es ist schon etwas Wunderbares, wenn Kinder die Gelegenheit haben, gemeinsam mit Hunden aufzuwachsen. Sie lernen Verantwortungsbewusstsein und Toleranz und die Bedürfnisse eines anderen Lebewesens zu respektieren. Kinder werden von erwachsenen Hunden als Jungtiere des Rudels angesehen. Sie dürfen sich vieles erlauben, werden mit Nachsicht behandelt und beschützt. Im Umgang mit Kindern ist der Hund der Erwachsene, der sich verantwortlich fühlt.

Allerdings hat sich das Kind auch als solches zu verhalten und darf nicht versuchen, die Rolle des Rudelführers zu übernehmen. Befehle von Kindern sind Spiel für den Aussie und er spielt gern mit, aber nur solange, wie er es möchte.

Es ist Aufgabe der Eltern, den Kindern Respekt vor dem Hund beizubringen, bevor dieser es auf Hundeart tut. Besonders Kleinkinder neigen zu ziemlich sadistischen Einfällen, sowie auch Hundewelpen erst einmal lernen müssen, ihre spitzen Zähne im Spiel kontrolliert einzusetzen. Es gibt ein Sprichwort: „Was du nicht willst, das man dir tu', das füg' auch keinem andern zu". Auf diese Weise kann man Kindern gut erklären, dass beispielsweise das Ziehen an den Ohren und das Wegnehmen von Futter oder dem Lieblingsspielzeug

Haltung und Pflege

Australian Shepherds lieben lange Ausflüge in der Natur, ...

... am liebsten zusammen mit ihren besten Freunden.

Es gibt nichts, was sie nicht mitmachen wollten und nehmen gern ein Bad.

Auch ein Wettrennen verschafft im Sommer wohltuende Abkühlung.

nicht in Ordnung sein kann. So können sie auch verstehen, dass Hunde es überhaupt nicht mögen, wenn sie von fremden Leuten auf der Straße einfach angefasst und gestreichelt werden. Sie schmusen gern, aber nur mit ihrer Familie oder mit Freunden. Kinder sollten wissen, dass man Hunde nicht in die Enge treiben oder beim Schlafen stören darf. Auch geht man nicht einfach auf einen fremden Hund zu, sondern wartet, bis er kommt. Hysterisches Kindergeschrei kann auch den freundlichsten Aussie, besonders wenn er den Umgang mit Kindern nicht gewohnt ist, aus der Fassung bringen. Blickt man einem Hund fest in die Augen, muss er dies als Aufforderung zum Kampf auffassen. Besonders der Umgang mit fremden Hunden kann so sehr schnell zu Problemen führen.

Ein neues Familienmitglied

Kommt ein neues Familienmitglied, ein Baby, in die Familie, wird es dem Aussie selbstverständlich sofort vorgestellt. Er darf an der allgemeinen Freude teilhaben und den Säugling ausgiebig beschnuppern. Da ein Säugling sehr viel Zeit für sich in Anspruch nimmt, neigt man dazu, sich während der Schlafenszeiten des Babys um den zwangsläufig etwas vernachlässigten Hund zu kümmern. Besser wäre es jedoch, um keine Eifersucht aufkommen zu lassen, alle für den Hund angenehmen Dinge mit der Existenz des Babys zu verknüpfen. Besondere Leckerbissen und das Futter gibt es nur noch in Anwesenheit des Babys und auch die Spaziergänge erfolgen in Zukunft gemeinsam. Auch wenn das neue Familienmitglied ein weiteres Haustier ist, ist es recht sinnvoll, dasjenige mit dem älteren Hausrecht in Gegenwart des neuen ein bisschen zu verwöhnen, bis jeder seinen Platz in der Gemeinschaft gefunden hat. Der Aussie ist ein sehr kinderfreundlicher Hund, denn wo Kinder sind, ist immer etwas los und es kommt keine Langeweile auf. Aber sind die Kinder so erzogen, dass er auch so bleiben kann? Auch der freundlichste Aussie kann die Lust an der Sache verlieren, wenn er überwiegend Kinder kennen lernt, die sich einen Spaß daraus machen, ihn zu ärgern.

Wo bekomme ich einen Aussie?

Selbstverständlich nur beim Züchter. Ein Züchter lebt mit seinen Tieren in engem Familienkontakt. Händler oder Leute, denen es darauf ankommt, Welpen zu produzieren, verfügen oft über mehr oder weniger weitläufige Zwingeranlagen. Während ein seriöser Züchter einen oder selten auch einmal zwei Würfe im Jahr aufzieht, haben Händler öfter Welpen abzugeben. Lebt bereits ein Aussie in der Familie und man hat Verständnis für seine rassebedingten Bedürfnisse und Besonderheiten, kann man sich auch einmal im Tierheim nach einem geeigneten Kameraden umsehen. Während ein Züchter den individuellen Charakter eines jeden Welpen genau kennt und ihn auch nur in die passende Familie abgeben wird, gibt es andererseits Leute, die sich ohne Kenntnis der physischen und psychischen Besonderheiten des Australian Shepherds nur den Verkauf von Welpen als Zuchtziel gesetzt haben. Als Aussie-Freund muss man warten können, denn Gesundheit und gutes Wesen sind wichtiger als alles andere. Es ist daher sinnvoll, mehrere Züchter zu besuchen, um sich von der Qualität der Hunde, von der Art der Haltung, des Umgangs miteinander usw. zu überzeugen und ein Bild davon zu machen, welche einem auch nach dem Kauf mit Rat und Tat zur Seite stehen werden bzw. können oder welche Vorarbeit hinsichtlich eines problemlosen Familienhundes bereits geleistet wurde. Kennt der Welpe Autofahren, den Straßenverkehr, das Leben im Haus usw.? Eine artgerechte Aufzucht ist nicht ohne weiteres auf andere Leute gegen Bezahlung übertragbar. Diese Mühe muss sich der Züchter schon selbst machen. Den Lohn, den er dafür bekommt, ist ein glücklicher, gesunder Hund in einer ebenso glücklichen, verantwortungsbewussten Familie. Sein Arbeitsaufwand, verbunden mit seinem Wissen um eine optimale Aufzucht, ist ohnehin kaum mit Geld aufzuwiegen.

Die Auswahl eines verantwortungsbewussten Züchters legt bereits den Grundstein für eine harmonische Partnerschaft.

Was muss beim Kauf beachtet werden?

Der Welpe sollte nicht aus einer Zwingerhaltung stammen, sondern schon eine individuelle Behandlung erlebt haben. Damit ist selbstverständlich nicht der Welpenauslauf des Züchters gemeint. Dieser ist schon notwendig, um den Welpen jederzeit den gefahrlosen Aufenthalt im Freien zu ermöglichen; ähnlich wie der Laufstall eines Kleinkindes im Wohnzimmer. Ist der Welpe gerade besonders

Da fällt die Auswahl wirklich schwer! Doch der Züchter berät Sie gern.

schläfrig oder desinteressiert, so sagt dies nichts über seinen Charakter aus. Er hat vielleicht gerade besonders ausgiebig getobt oder eine „Einzelbehandlung" des Züchters gehabt und ist nun müde. Einen solchen Welpen sieht man sich besser später noch einmal an, auch ohne seine Geschwister, um sich ein genaues Bild machen zu können. Zeigt aber ein Welpe im Gegensatz zu seinen Geschwistern deutliche Angst, liegt hier vermutlich eine angeborene Wesensschwäche vor. Verkriecht sich der ganze Wurf in die hinterste Ecke des Raumes oder Auslaufes, kann man davon ausgehen, dass hier ein Aufzuchtfehler vorliegt, der vermutlich nicht mehr zu beheben ist. Hunde, die in der Prägungsphase zu wenig Berührungskontakte mit Menschen hatten, zeigen sich ängstlich und wenig kontaktfreudig; sie sind schwierig zu erziehen.

Auswahl eines Welpen

Der beste Zeitpunkt, sich seinen Welpen auszusuchen, liegt zwischen der 8. und 10. Lebenswoche. Hier sind einige Wesensmerkmale schon deutlich zu erkennen. Während von einem Arbeitshund, je nach Aufgabe, bestimmte Verhaltensweisen erwartet werden, wird ein Familienhund nach anderen Kriterien ausgewählt. Leben kleinere Kinder oder bereits andere Hunde in der Familie, sollte man sich nicht gerade den dominantesten Welpen des Wurfes aussuchen. Auch schüchterne Hunde gehören weder in eine hektisch laute noch in eine kinderreiche Familie. Am leichtesten erziehbar und trainierbar sind Welpen, die ein gesundes Mittelmaß darstellen. Sie sind auch am ehesten noch für unerfahrene, nachgiebige Hundehalter geeignet, die es sich zur Aufgabe machen wollen, zu lernen. Der beste Zeitpunkt, einen Welpen in die Familie zu nehmen, liegt bei einem Alter von neun bis zehn Wochen, also noch in der Sozialisierungsphase, die etwa mit zwölf Wochen beendet ist. So kann er sich problemlos an die neuen Verhältnisse gewöhnen und sich in sein neues Rudel einfügen. Mutterhündin und Welpen sollten frei von Krankheitsanzeichen wie zum Beispiel Durchfall, verklebte Augen, Lahmheiten usw. sein. Ihre Läufe müssen gerade sein und parallel zueinander stehen. Da die Welpen vor der Impfung vom Tierarzt untersucht wurden, kann man bis zu einem gewissen Maße davon ausgehen, dass sie gesund sind. Sinnvoll ist es auch, sich danach zu erkundigen, ob die Eltern frei von vererbbaren Erkrankungen sind. Bei unseren Aussies können dies, wie bei vielen anderen Rassen auch, Erkrankungen der Augen und Hüftgelenke sein. Ein Züchter, der vererbbare Erkrankungen bzw. gravierende Fehler, die den Aussie in seiner Gesundheit oder Gebrauchstüchtigkeit beeinträchtigen, bei seinen Zuchthunden toleriert, dient nicht eben dem Wohl der Rasse. Wer die „Schwarzen Schafe", die es überall gibt, nicht auch noch mit einem Geldbetrag unterstützt, wie dies unüberlegt oder bei einem Mitleidskauf der Fall wäre, wird sicherlich *seinen* Aussie finden.

WELPENKAUF

Folgende Unterlagen sollten Sie vom Züchter erhalten:

- Impfpass
- Bescheinigung über bisher durchgeführte Wurmkuren
- Futterplan
- Kaufvertrag
- Antrag auf Einzelregistrierung (Individual Registration Application) beim ASCA bzw. die Registrierbescheinigung des VDH

Ein Aussie kommt ins Haus

Der erste Tag im neuen Zuhause

Nun ist es endlich soweit. Nach langem Warten ist der heißersehnte Tag gekommen, der für ein Hundekind und eine Menschenfamilie das Leben verändern soll. Alle nötigen Vorbereitungen sind getroffen. Der gute Teppich wurde aufgerollt und für einige Wochen auf den Dachboden verbannt, zerbrechliche Blumenschalen haben einen höheren Platz gefunden und alles, was der Familie lieb und wert ist oder für den Welpen eine Gefahr darstellen könnte (Elektrokabel!), wird in Zukunft nicht mehr auf dem Boden oder in erreichbarer Höhe herumliegen. Man war einkaufen. Eine Hundeleine, ein verstellbares Halsband und Spielzeug wurden besorgt und die Näpfe für Futter und Wasser stehen bereit. Auch der Gartenzaun wurde noch einmal gründlich auf Welpensicherheit überprüft. Nun ist nur noch eine Frage von besonderer Bedeutung zu klären. Wo soll der Aussie seinen Platz bekommen? Am besten befindet er sich dort, wo sich seine Familie üblicherweise tagsüber aufhält. In einer ungestörten Ecke, von der aus er das gesamte Treiben beobachten kann, wird er sich am wohlsten fühlen. Idealerweise hat er zwei Liegeplätze, einen für den Tag und einen für die Nacht im Schlafzimmer. Nun ist es aber nicht jedermanns Sache, einen Hund im Schlafzimmer zu haben, von seinem Schnarchen, wenn er älter wird, oder seinen nächtlichen „Putzanfällen" einmal abgesehen. Wer jedoch eine wirklich enge Bindung zu seinem Aussie wünscht, sollte zumindest einmal darüber nachdenken. Damit ist nicht gemeint, dass der Hund auch im Bett schlafen soll. Dieses Privileg ist dem Chef des Rudels vorbehalten. Am besten ist eine Matratze, mit abwaschbarem Bezug, als Hundelager geeignet. Diese könnte auch in einem Korb liegen, aber damit sollte man besser warten, bis der Welpe etwas älter

Mit acht bis zehn Wochen kommen die Kleinen in ihre neue Familie (Meggies Enkelin „Snooker").

ERSTAUSSTATTUNG DES WELPEN

- Hundekorb oder Matratze
- Waschbare Decke (z. B. Vetbed)
- Näpfe für Futter und Wasser (z. B. Futterständer mit Schüsseln aus Edelstahl, die sich gut reinigen lassen; der Futterständer ist höhenverstellbar)
- Futter derselben Marke, wie es der Züchter füttert
- Verstellbares Halsband und Leine (z. B. aus Nylon oder Leder)
- Spielzeug
- Zeckenzange
- Bürste und Kamm

geworden ist, da man sonst nicht lange Freude daran haben wird. Für einen erwachsenen Aussie ist ein Sessel ideal, den er ganz für sich allein hat. Er wird es besonders genießen, von diesem etwas erhöhten Lager alles überblicken zu können und trotzdem ungestört zu sein. Selbstverständlich wird der Aussie in engem Kontakt zu seiner Familie leben. Zwingerhaltung führt bei allen Hunden früher oder später zu Verhaltensstörungen. Allein gelassen verkümmert er seelisch und geistig und wird zur Gefahr für seine Umwelt. Nachdem auch dieser wichtige Punkt durchdacht wurde, kann die Reise losgehen.

Abholen beim Züchter

Beim Züchter angekommen wird man seinen erst vor kurzem ausgewählten Welpen kaum wieder erkennen. Wie ist es bloß möglich, dass er schon so groß geworden ist? Überwältigt von all den Eindrücken, überhäuft mit Tipps und Ratschlägen, die man sich in einem solchen, weltbewegenden Augenblick ohnehin nicht merken kann, die aber im Wesentlichen noch schriftlich mitgegeben werden, und ausgestattet mit dem gewohnten Futter tritt man die Heimreise an. Von diesem Augenblick an wird sich das Hundekind sehr, sehr einsam fühlen. Fremde Menschen, fremde Gerüche und Geräusche, es ist genauso aufgeregt wie seine neue Familie. Daher wäre es wünschenswert, wenn ein Familienmitglied den Welpen auf der Fahrt im Arm halten könnte, um ihm ein paar beruhigende Worte zuzuflüstern und zu zeigen, dass ihm nichts Schlimmes passiert. Zu Hause eingetroffen wird er sich ganz vorsichtig mit Hilfe seiner Nase mit der neuen Umgebung vertraut machen. All die kleinen Teufeleien, die vom Züchter prophezeit wurden, treffen überhaupt nicht zu, nein, er ist eher ein kleiner Engel. Dies wird sich jedoch bald ändern, sobald er sich eingelebt hat. Selbstverständlich hat die Familie an diesem und in den folgenden Tagen sehr viel Zeit und nichts anderes vor. So groß der Wunsch auch sein mag, das neue Familienmitglied den Freunden und Nachbarn vorzustellen, sollte dies erst geschehen, wenn es weiß, wer zu seinem neuen Rudel gehört. Es ist besser, wenn der Welpe in den ersten Tagen nur Menschen und Tiere kennen lernt, die in Zukunft in häuslicher Gemeinschaft mit ihm leben werden.

Wie schnell die Zeit vergeht!
(Links Welpe von 8 Wochen, rechts längst erwachsen mit knapp 8 Jahren)

Stubenreinheit

Da er nicht wissen kann, wohin er mit seinen in diesem Alter noch recht häufigen Bedürfnissen in der neuen Umgebung soll, ist es sinnvoll, ihn alle zwei Stunden nach draußen zu führen. Außerdem ist es angebracht, darauf zu achten, dass der Welpe nach jedem Schlafen und Fressen oder wenn er suchend durchs Zimmer läuft, umgehend ins Freie gebracht wird. Dies muss sofort geschehen, egal, ob ein Telefongespräch unterbrochen werden muss oder man das Ende eines Krimis im Fernsehen verpasst, denn ein Welpe ist noch nicht in der Lage wie ein erwachsener Hund seine Bedürfnisse zeitlich zu kontrollieren. Hat er sein Geschäft draußen erledigt, wird er immer in den höchsten Tönen gelobt, so als ob er etwas ganz Besonderes vollbracht hat. Bald wird er wissen, welche Tür nach draußen führt und wird auf seine Art auf sich aufmerksam machen. Ist es doch einmal im Zimmer passiert, sind Strafen unangebracht. Sie schaden mehr, als sie nutzen. Der Welpe wird die Tatsache, dass er sich überhaupt erleichtert hat, als Fehlverhalten einstufen und nicht, wie eigentlich von den Menschen gemeint, **wo** dies geschehen ist. Dies kann zur Folge haben, dass er sich in Zukunft versteckt und einen See in einem Raum hinterlässt, in dem sich gerade niemand aufhält.

Lob und Tadel

Mit Strafen sollte überhaupt, auch im späteren Hundeleben, nur sehr, sehr sparsam umgegangen werden. (Erst einmal muss der Welpe lernen, was erlaubt und was unerwünscht ist.) Unangebracht oder zum falschen Zeitpunkt erfolgt, sind sie nicht nur sinnlos, sondern zerstören auch das überaus wichtige Vertrauensverhältnis zwischen Mensch und Tier. Lob kann dagegen Wunder vollbringen. Erwünschtes Verhalten wird immer überschwänglich gelobt. Zur Feier des ersten Tages sollte man nicht Dinge durchgehen lassen, die später nicht erwünscht sind. Der Welpe muss sich an die Gemeinschaftsregeln von Anfang an gewöhnen können. Wird nicht gewünscht, dass er am Tisch bettelt, bekommt er auch niemals etwas vom Tisch. Knabbert er an den Teppichfransen, wird er mit einem ärgerlich ausgesprochenen „Nein" genommen und an einen anderen Platz gesetzt. Überhaupt sollten die Eigentumsverhältnisse gleich am ersten Tag geklärt werden. Stehen dem Aussie Spielzeug wie Bälle, Stricke oder auch Kauknochen zur Verfügung, wird er schnell zwischen unerlaubtem Familieneigentum und seinen eigenen Sachen unterscheiden lernen. Allerdings sollten ausgediente Schuhe oder andere Kleidungsstücke niemals als Spielzeug missbraucht werden. Wie soll der Hund verstehen, dass die zufällig herumstehenden Schuhe oder die heruntergefallene Jacke nicht dazu gehören?

Die erste Nacht im neuen Zuhause

In der ersten Nacht sollte der Welpe möglichst nicht sich selbst überlassen werden. Bisher war er es gewohnt, mit seinen Geschwistern in engem Körperkontakt zu ruhen. Vielleicht kann er vor dem Bett schlafen, so dass man ihm, wenn er einmal aufwacht, ein Gefühl der Geborgenheit vermitteln kann. Da ein Hund sein eigenes Lager nicht beschmutzen möchte, wird man bemerken, falls er auch nachts einmal nach draußen muss, und kann ihn schnell nach draußen bringen. So wird er schneller stubenrein. Geradezu grausam erscheint es, wenn manche „Erziehungsexperten" der Meinung sind, man soll den Welpen ruhig in einem fremden Raum allein zurücklassen und sein Weinen und Jammern ignorieren oder womöglich noch bestrafen. Hunde sind wie Menschen soziale Lebewesen. Welpen sind wie Kleinkinder auf den engen Kontakt mit ihrem Rudel, ihrer Familie, angewiesen. Daher sind Trost und eine Änderung der Situation angebracht – Hundemütter müssen nicht darüber nachdenken. Es kann verschiedene Gründe geben, dass der Aussie im Schlafzimmer unerwünscht ist. Dann schläft eben ein Familienmitglied für ein paar Tage auf dem Sofa im Wohnzimmer beim Welpen, bis er sich an die neue Situation gewöhnt hat. Wichtig ist, dass ein Vertrauensverhältnis geschaffen und ein Gefühl der Geborgenheit vermittelt wird. Ich habe noch nie Probleme damit gehabt, dass hieraus Ansprüche für spätere Zeiten abgeleitet wurden.

Getrennt von seinen Geschwistern braucht der kleine Welpe jetzt die Nähe seines Menschenrudels (M & M's Black Summer Son).

Lernen beginnt am ersten Tag!

Es hat wenig Sinn, den Welpen erst einmal sich selbst zu überlassen, um ihm dann, zu einem späteren Zeitpunkt, all die unerwünschten Angewohnheiten mühsam wieder abzugewöhnen. Ein Hund lernt immer. Fehlende erzieherische Beschäftigung ersetzt er durch eigene Lernprozesse. Besonders betrifft dies sein Dominanzverhalten, denn eine einmal erreichte Position wird er, was völlig natürlich ist, nur schwer wieder aufgeben. Jede Erfahrung, die der Welpe macht, wird sein zukünftiges Verhalten bestimmen. Antiautoritäre Erziehung ist bei den Wölfen, den Vorfahren unserer Hunde, undenkbar. Im Wolfsrudel herrscht eine Hierarchie, in der jedes Mitglied seinen Platz hat. Wenn jeder machen würde, was er wollte, würden bald alle verhungern. Auch unsere Hunde leben in einer festen Ordnung. Ihr Rudel ist eine Lebensgemeinschaft, die dem inneren Frieden und der Geborgenheit ebenso wie der Verteidigung nach außen dient. Jeder hat seine Rechte und Pflichten. Es muss Hunden nicht erst beigebracht werden, ihr Rudel zu verteidigen, sie tun es von selbst. Die erwachsenen Tiere setzen Tabus und achten aufmerksam auf deren Einhaltung. Vor allem Verhaltensweisen, die den Rudelfrieden stören, werden sofort unterbunden. Eine antiautoritäre Erziehung ist für einen Welpen oder Junghund wesensfremd und unverständlich. Nach der anfänglichen Zurückhaltung – diese vielen neuen, manchmal auch unheimlichen Eindrücke müssen erst einmal verarbeitet werden – wird der Aussie zusehends munterer und frecher. Er neigt dazu (ähnlich wie ein Kleinkind), alles in die Schnauze zu nehmen und darauf herumzukauen. Auch sein bevorstehender Zahnwechsel macht ihm zu schaffen. Sein Erkundungs- und Entdeckungsdrang führt bei allen Beteiligten zu ausgesprochen heiteren Situationen, manchmal auch zu Schrecksekunden und immer wieder zu Erstaunen.

Meine Meggie hatte die ersten Tage, die sie bei uns war, einen hölzernen Handfeger zu ihrem Lieblingsspielzeug auserkoren.

Es gibt viel zu entdecken: Luke und Riwa von der Haetz Ranch.

1 2

Auch Ruhephasen sind wichtig, in denen der Welpe nicht gestört werden darf (M & M's Merle).

Da sie ihn quer in der Schnauze trug und keinesfalls bereit war, ihn zurückzulassen, war es ihr nicht möglich, durch einen schmalen Spalt der Schiebetür von einem Raum in den anderen zu gelangen. Nach drei, vier Versuchen wurde sie ziemlich ärgerlich und begann zu knurren. Dann drehte sie den Handfeger plötzlich um, und es gab nie wieder einen Fehlversuch. Und so ist sie bis heute geblieben – sie hat gelernt, dass Beharrlichkeit zum Ziel führt.

Die Sozialisierungsphase

Während der Sozialisierungsphase, die ungefähr im Alter von zwölf Wochen beendet ist, machen die Welpen die Erfahrung, dass man nicht einfach alles tun darf, was man gerade will, und sie lernen, dass gemeinsames Tun viel schöner ist als alles andere. Lebt der Welpe nicht nur mit Hunden, sondern auch oder nur mit Menschen zusammen, ist es für alle Beteiligten am vernünftigsten, wenn ein Mensch die Rolle des Rudelführers übernimmt. Aber Leithund, auch in einem gemischten Rudel, wird nur, wer es gelernt hat, sich als solcher zu benehmen. Weder diktatorische Maßnahmen noch Unterdrückung führen zu dieser Position, sondern Konsequenz und Güte. Zum Leithund wird man nicht von selbst, sondern durch das entgegengebrachte Vertrauen und die Anerkennung durch das Rudel. Setzt man sich nicht durch, verliert man das Vertrauen, die Unsicherheit wächst. Und da nach Auffassung des Hundes irgendjemand der Rudelführer sein muss, wird er es eben – auf seine Art. Die neue Familie wird nun die Erziehungsmaßnahmen der Mutterhündin, idealerweise auch des Vaters, der jedoch meistens durch den Züchter ersetzt wird, fortsetzen. Es sollte bei allen Familienmitgliedern Einigkeit darüber herrschen, was erlaubt ist und was nicht. Wenn alle machen, was sie wollen, tut es auch der Hund. Unter Erziehung verstehen wir, dass der Hund passiv bleiben muss, obwohl er gern aktives Verhalten zeigen würde. Der Aussie muss also lernen, im Interesse der Gruppe Tabus zu respektieren.

SOZIALISIERUNG VON WELPEN

Aussie-Welpen benötigen:

- Geborgenheit im Familienrudel
- Gemeinsames Spiel, Erfolgserlebnisse, Belohnungen
- Kontakt zu fremden Hunden und Menschen sowie seiner Umwelt

Der Welpe muss lernen:

- Im Interesse der Gruppe Tabus zu respektieren und sich zu integrieren.

Gefangen!
Und schnell zurück zu
Herrchen.

Zum Beispiel darf er sich nicht in einem unbeobachteten Augenblick am Sonntagsbraten auf dem Tisch vergreifen, den Mülleimer leer räumen oder Familieneigentum zerkauen. Zu seinem natürlichen Hundeverhalten gehören Bellen, Graben und Kauen. Es ist die Aufgabe des Halters, ihm alternatives Verhalten anzubieten. Auch muss er begreifen, dass Menschenhaut viel dünner ist als die seiner Geschwister und er seine spitzen Zähne nicht unkontrolliert einsetzen darf. Allerdings darf der Welpe weder angeschrien noch erschreckt werden; oder gar in Keller oder Bad weggesperrt werden, weil er so viel Unsinn anstellt. Die Geborgenheit seiner Familie muss für ihn immer spürbar sein. Strafen durch den Entzug von Zuneigung sind grausam, für einen Hund vollkommen unverständlich und daher als Erziehungsmittel ungeeignet. Es ist immer wieder faszinierend und rührend zugleich, wie so ein Hundekind, die Geborgenheit seiner Familie spürend und nichts Böses dieser Welt ahnend, glücklich lächelnd über das Grundstück trabt. Manchmal habe ich den Eindruck, sie würden noch leise ein Liedchen vor sich hin pfeifen, so, wie es bei meinem Dan immer erschien.

Hunde beziehen eine Strafe wie eine Belohnung unmittelbar auf den Augenblick. Wenn wir eine Verhaltensweise verhindern oder verstärken wollen, reagieren wir sofort – oder gar nicht. Die Bedeutung des Wortes „Nein" wird der Aussie spätestens nach zwei Tagen begriffen haben. Unterlässt er seine Handlung trotzdem nicht, wird er genommen und zu seinem Spielzeug an einen anderen Platz gesetzt. Sollte auch dies nichts nützen, werden wir unseren Wünschen Nachdruck verleihen, indem wir dem Welpen sanft ins Nackenfell greifen und ihn dabei nach unten drücken. Diese Erziehungsmethode kennt er von seiner Mutter – er wird sich unterwerfen. Und sobald dies geschehen ist, sind wir auch wieder ganz freundlich zu ihm. Nachtragend sind wir nie. Wir müssen in der Lage sein, unterwürfige Signale des Hundes auch während einer Aktion wahrzunehmen und uns augenblicklich umstellen, egal, wie verärgert wir auch sind. Schläge sind unangebracht und schaden mehr, als sie nutzen. Sie können Verhaltensfehler zwar mildern,

Wichtig

Alle Maßnahmen, die der Erziehung dienen sollen, müssen immer sofort, also am besten gleichzeitig mit der Handlung, erfolgen. Liegt die Übeltat bereits ein paar Minuten zurück oder ist bereits eine weitere Handlung erfolgt, ist der Hund nicht in der Lage, den Zusammenhang zu erkennen.

Auch Beutespiele machen Spaß. Doch auf zerrtaugliches Spielzeug sollte man achten, da es sonst schnell in zwei Hälften geteilt ist.

schaffen aber neue Probleme, weil sie das Vertrauensverhältnis zwischen Hund und Mensch zerstören. Von einem so behandelten Hund können wir Gehorsam, nicht aber Zuverlässigkeit erwarten.

Beschäftigung für den Welpen

Die Sozialisierungsphase ist die Zeit des Spiels. Das gemeinsame Spiel, die gemeinsame Arbeit, das Erfolgserlebnis, die Belohnung und die Freude am gemeinsamen Tun dienen dazu, unsere Autorität zu festigen.

Das **Apportieren** ist vielen Hunden, auch den Australian Shepherds, angeboren. Ein Ball oder ein Stöckchen spielerisch weggeworfen und vom Welpen freudig zurückgebracht ist ein Vergnügen, welches auch der späteren Ausbildung dienen kann. In diesem Alter soll es jedoch noch keine Pflichtübung sein, obwohl er sich an das Wort „Bring" schon einmal gewöhnen kann. Kommt er nicht von selbst oder kaut nur auf dem Holz herum und bleibt auch unser Lockruf unbeachtet, brechen wir das Spiel ab. Daraus wird er lernen, dass er sich an unsere Spielregeln halten muss. Holen wir den Ball selbst, glaubt er, dies gehört zum Spiel, und wir dürfen in Zukunft selbst apportieren. Selbstverständlich loben wir den Welpen bei jedem positiven Ergebnis ausgiebig.

Das **Spiel mit dem Strick** kann auch dazu dienen, Aggressionen abzubauen. Das Festhalten und Ziehen, manchmal begleitet von bösem Knurren, ist ein sehr beliebtes Beutekampfspiel, das man ebenfalls nur zu zweit spielen kann. Wir sollten darauf achten, dass solche Spiele nicht zu heftig werden. Geht der Welpe gelegentlich auch einmal als Sieger hervor, stärken wir sein Selbstvertrauen. Allzu oft werden wir ihn jedoch nicht gewinnen lassen, unsere Überlegenheit muss spürbar bleiben.

Wir werden ihm aber immer wieder Aufgaben zuweisen, durch deren erfolgreiche Bewältigung sein Selbstvertrauen wächst. Für soziale Wesen wie Menschen und Hunde ist das Spiel lebensnotwendige Voraussetzung für eine erfolgreiche und konfliktfreie Eingliederung in die Gesellschaft.

Erste kleine Ausflüge

Nach ein paar Tagen können wir die ersten Spaziergänge mit dem Welpen unternehmen. Außerhalb des Straßenverkehrs und wo es auch sonst ungefährlich für ihn ist, lassen wir ihn ohne Leine laufen, er folgt uns sowieso. Das heißt aber nicht, dass er auch sofort kommt, wenn wir ihn rufen. Ich habe immer ein paar Leckerbissen in der Tasche, die dieses Training gewaltig erleichtern. Treffen wir unterwegs auf andere Hunde, ergibt sich für unseren Aussie die Gelegenheit, Sozialkontakte zu seinen vierbeinigen, jungen wie erwachsenen, Artgenossen aufrecht zu erhalten. Hindern wir ihn daran, wird er später zu anderen Hunden ungezogen, vielleicht sogar bösartig werden. Allerdings sollte ein Welpe bei diesen Zusammentreffen nur gute Erfahrungen sammeln. Wird er trotz passiven Verhaltens von einem fremden, erwachsenen Hund bedroht, womöglich sogar gebissen, kann dies sehr nachhaltige Folgen auf seine Entwicklung haben. Ein Gespräch unter den Besitzern bringt schnell Klarheit, ob wir uns besser mit unseren angeleinten Hunden voneinander verabschieden oder ob wir die beiden ein bisschen miteinander spielen lassen – vielleicht ergibt sich sogar eine neue Freundschaft. Allerdings sprechen die verschiedenen Hunderassen auch ihren eigenen „Dialekt". Ihre Art der Begrüßung und des Spielens kann sich von der des Aussies sehr unterscheiden. Plumpe, respektlose Aufdringlichkeit oder Gerangel unter vollem Körpereinsatz wird von den meisten Aussies nicht geschätzt.

In unserer Nachbarschaft lebte Sammy, ein liebenswerter Golden Retriever, Meggies bester Freund. Als Chip ihn zum ersten Mal sah, war er total begeistert. Er hatte noch nie einen erwachsenen Rüden gesehen und seine Bewunderung kannte keine Grenzen. Es war schon ein sehr rührender Anblick.

Kennenlernen der Umwelt

Unsere Spaziergänge beschränken wir anfangs auf fünfzehn Minuten und dehnen sie nur ganz allmählich weiter aus. Wir wollen die naturgemäß in diesem Alter noch recht weichen Knochen und Bänder unseres Welpen nicht überstrapazieren. Nun ist es aber von besonderer Bedeutung, dass unser kleiner Aussie schon jetzt all die Dinge in seiner Umwelt kennen lernt, mit denen er später einmal zu tun haben wird. Dazu gehören fremde Menschen und Tiere, aber auch Fahrten im Auto oder öffentlichen Verkehrsmitteln und natürlich der Straßenverkehr. Wollen wir einen Hund, der Busse mit zischenden Bremsen, im Wind flatternde Markisen oder Lautsprecheransagen in Menschenansammlungen als selbstverständlich ansieht, halten wir uns auch regelmäßig in diesem Treiben auf. Wir können uns anfangs auf eine Bank setzen oder später ein bisschen die Leinenführigkeit üben. Die Erfahrung in den ersten 4 Lebensmonaten sind für die weitere Entwicklung eines Welpen ganz erheblich.

Nur wenn wir unserem Aussie die Möglichkeit geben, sich mit seiner Umwelt auseinander zu setzen und wir uns die Mühe machen, uns in seine Gedanken hineinzufühlen, werden wir später auch harmonisch und konfliktfrei mit ihm leben können.

Die Rudelordnungsphase

Ungefähr in die Zeit des Zahnwechsels fällt ein Stadium der Entwicklung, welches ebenso wie die Sozialisierungsphase nicht nachholbar ist und als Rudelordnungsphase bezeichnet wird. Nun lernen junge Hunde, sich ins Rudel einzufügen und dass die Gemeinschaft wichtiger ist als alle eigenen egoistischen Wünsche. Es werden Bindungen geknüpft, die über die Anerkennung der körperlichen Überlegenheit hinausgehen. Sie lernen, wie man im Interesse des Rudelfriedens auch ab und zu einmal auf etwas verzichtet. Die Rangordnung in einem Hunderudel ist weniger ausgeprägt als in einem Wolfsrudel und ein wenig unübersichtlicher. Im Hunderudel entscheidet der Durchsetzungswille und das Erfolgs- oder Misserfolgserlebnis darüber, welche Position man seinen Artgenossen gegenüber einnimmt. Drohgebärden wie Knurren oder einfach nur ein böser Blick entscheiden, wer jetzt in dieser Situation nach zu geben hat. Es gibt eine Aufgabenteilung; jeder Einzelne hat bestimmte Rechte und Pflichten, jedoch wird ein ranghöheres Tier seine Rechte gegenüber einem rangniedrigen nicht immer unbedingt oder sogar mit Gewalt durchsetzen. Es herrscht mehr Toleranz.

Vorsichtige Kontaktaufnahme. Der Geruch des anderen sagt auch viel über die momentane Stimmungslage aus.

Hat es sich unser Chip auf einem Schaffell gemütlich gemacht und Meggie würde auch gern dort liegen, wird sie ihn nicht vertreiben. Sie kann warten. Wird ihr das Warten zu lang, rennt sie bellend zur Tür, um einen unsichtbaren Fremden zu vertreiben – und schon hat sie ihr Ziel erreicht, denn Chip folgt ihr mit Sicherheit. Allerdings würde Chip es niemals wagen, sich auf Meggies Schlafplatz zu begeben, der ist für ihn absolut tabu.

Im gemischten Rudel sieht es meistens so aus, dass ein menschlicher Leithund oder aber ein Leithundepaar die Führung übernimmt, die bestimmte Vorrechte einschließt.

Im Alter von drei Monaten verlieren die Welpen ihr Privileg am Fressnapf. Sie müssen warten, bis die Alttiere ihnen endlich das Fressen erlauben. Diese äußerst wirkungsvolle Erziehungsmethode sollten sich die menschlichen Leittiere unbedingt zunutze machen. Der Welpe hat vor dem gefüllten Napf zu sitzen und zu warten, bis ihm das Fressen erlaubt wird. Sobald er sich darauf stürzen will, ertönt das „Nein", falls nötig verleiht ein sanfter Griff ins Nackenfell dem Verbot Nachdruck. Auf diese Weise lassen sich gleich viele Probleme zwischen Herr und Hund früh und dauerhaft beseitigen oder erst gar nicht entstehen.

WASSERPISTOLE UND LANGE LEINE

Hilfreich bei der Erziehung können die Wasserpistole im Haus und die lange Leine für draußen sein. Beides dient sozusagen als verlängerter Arm. Die Wasserpistole bekräftigt das „Nein" bei allen unerlaubten Verhaltensweisen, und auch unerwünschte Angewohnheiten lassen sich so wieder abgewöhnen. Bellt der Aussie beispielsweise zu viel, weil vielleicht Nachbarskinder in der Nähe spielen, und ignoriert das „Ruhe", bekommt er einen „Schuss" mit der Wasserpistole. Er wird sich das Wasser sofort ablecken wollen und kann dabei natürlich nicht weiterbellen.

„Hier" mit langer Leine

Möchte er draußen beim Spaziergang auf unser Rufzeichen nicht kommen, beachten wir ihn gar nicht weiter, denn wir haben ihn an der langen Leine immer unter Kontrolle. Und da wir ihn unterwegs nie aus den Augen lassen, erwarten wir auch dasselbe von ihm. Wir gehen einfach ganz normal entgegengesetzt weiter. Entweder er kommt sofort, weil er nicht allein sein möchte, oder aber wir merken am scharfen Ruck der Leine, was passiert ist. Wir gehen aber trotzdem ganz normal weiter. Augenblicklich haben wir einen kleinen Hund bei uns, der wegen des Schrecks ganz dringend getröstet werden muss und wir haben wieder einen Grund, unseren Aussie ganz doll zu loben und zu streicheln.

Welpenspielstunden

Es gibt Hundevereine, die regelmäßig Welpenspielstunden für Tiere bis zu sechs Monaten abhalten. Ersthundebesitzer oder auch Leute, die keine Gelegenheit haben, ihrem Aussie den Kontakt zu fremden Welpen, möglichst unterschiedlicher Rassen, zu ermöglichen, sollten dieses Angebot auf jeden Fall nutzen. Nicht jeder, der sich für einen Tierliebhaber hält, ist dies auch tatsächlich. Guter Wille und ein mitfühlendes Herz genügen nicht. Aus falsch verstandener Tierliebe, Bequemlichkeit oder einfach Dummheit lehnen manche Hundebesitzer jegliche Erziehung oder Ausbildung ab. Dies führt dazu, dass sich der Hund völlig entgegengesetzt seiner Anlagen und den Wünschen des Besitzers oder Züchters entwickelt. Probleme, die mit dem Aussie entstehen können, sind seltener genetisch bedingt und haben eher ihren Ursprung in falscher Behandlung.

Mit der richtigen Erziehung wird aus einem kleinen Welpen ein treuer Partner.

Auch die enorme Anpassungsfähigkeit des Australian Shepherds hat ihre Grenzen, wenn seine Familie unfähig ist, seine Bedürfnisse zu verstehen und der Hund nur das bekommt, was er nach Meinung seiner Menschen braucht und nicht, was er tatsächlich benötigt. Eine solche Situation ist sehr traurig für den Aussie und oft auch für seinen Züchter, der einen guten Welpen abgegeben hat und nun erleben muss, wie der neue Besitzer alle Ratschläge ignoriert und sich dann sogar noch beklagt. Der zunehmend verunsicherte Hund soll dann, weil der Mensch versagt und bemerkt hat, dass es so nicht weitergehen kann, später mit Gewalt oder Elektroschocks dazu gezwungen werden, sein Verhalten zu ändern. Wie traurig!

Wenn sich der Welpe gesund und normal entwickelt hat, wird sich beim halbjährigen Aussie zeigen, ob wir alles richtig gemacht und sich die Monate Arbeit gelohnt haben. Den besten Beweis dafür haben wir, wenn wir erkennen können, dass uns der Aussie als Mittelpunkt seines eigenen Lebens betrachtet und uns ohne unsere Erlaubnis nicht außer Sichtweite verlässt. Allerdings darf man nicht vergessen, dass der Australian Shepherd zu den Spätentwicklern gehört. Bis zum Alter von etwa drei Jahren kann es immer wieder einmal vorkommen, dass sich seine Instinkte, wie z. B. der Wach-, Schutz- und Hütetrieb, in übertriebener Form äußern. Handelt es sich um einen wohlerzogenen Aussie, hat man dies schnell im Griff. Bei vernachlässigter Erziehung oder Unverständnis gegenüber der Rasse kann dies aber auch zu Problemen führen.

„Die Gefolgschaftstreue ist das höchste erreichbare Bindeglied zwischen Mensch und Hund, der kaum noch bereit ist, sich jemals einem anderen anzuschließen."

Konrad Lorenz

Man kann es auch ganz einfach „Liebe" nennen".

Vorsicht

Will man sichergehen, dass sich der Aussie nicht mit dem Virus der unheilbaren Aujeszky'schen Krankheit infiziert (betroffen werden das Zentralnervensystem und andere Organe), darf Schweinefleisch nur in durchgekochtem Zustand angeboten werden.

Ernährung

Die wilden Vorfahren unserer Hunde waren Jäger. Würde der Aussie noch selbst jagen, würde er sich bei einem frisch gerissenen Beutetier als Erstes die Eingeweide vornehmen. Hier findet er die notwendigen Kohlenhydrate in bereits angedautem und damit für den Fleischfresserdarm verwertbarem Zustand vor. Erst später wird er das Muskelfleisch fressen. Aus diesem Verhalten wird deutlich, dass der Hund kein reiner Fleischfresser ist und ausschließliche Fleischfütterung bei ihm bald zu Mangelerscheinungen führt. Seine Verdauungsorgane sind aber auch nicht auf pflanzliche Kost wie rohes Gemüse oder Getreide eingerichtet und können solche Nährstoffe kaum verwerten. Die Futtermittelindustrie macht es uns heute leicht, Mangelerkrankungen vorzubeugen und unseren Aussie ausgewogen zu ernähren. Diese Art der Fütterung mit einem qualitativ hochwertigen Alleinfutter für Hunde ist praktisch, relativ preiswert und bietet im Gegensatz zur selbst zubereiteten Mahlzeit die Gewissheit, alle notwendigen Nährstoffe zugeführt zu haben. Hat man sich entschieden, Fertigfuttermittel als Grundlage zu verwenden und mit etwas Fleisch sowie gelegentlich Milchprodukten zu ergänzen, ist bei der Gesamtfuttermenge zu beachten, dass auch die Art des Fleisches nicht unbedeutend ist. Während grüner Pansen beispielsweise ein Verhältnis von Calcium (Ca) zu Phosphor (P) von 0,96 : 1 aufweist, liegt es beim Muskelfleisch vom Rind bei 0,04 : 1. Rohes Eiklar enthält Stoffe, die die Eiweißverdauung herabsetzen und die Aufnahme des Biotins im Darm verhindern. Deshalb gehört es ebenso wie Knochen, Geräuchertes oder Gewürztes nicht auf den Speiseplan.

Bestandteile der gesunden Ernährung

- Möchte man seinen Australian Shepherd nur mit selbst zubereiteten Mahlzeiten füttern, sind einige Kenntnisse in der Ernährung des Hundes erforderlich. Hier soll nur Folgendes erwähnt werden:
- Im verwendeten Fleisch sind nicht unbedingt alle essentiellen (lebensnotwendigen) Aminosäuren vorhanden und ein Ausgleich durch Milchprodukte muss geschaffen werden.
- Die benötigten pflanzlichen Futtermittel als Kohlenhydratspender müssen hitzebehandelt (aufgeschlossen) werden.
- Das Calcium-Phosphor-Verhältnis bei Reis beträgt 0,07 : 1 und bei Haferflocken 0,14 : 1.
- Ein Mangel an Mineralstoffen, Eiweißen, Vitaminen, Kohlenhydraten und Fetten führt zu Mangelkrankheiten – ein Überschuss kann ebenso fatale Folgen für die Gesundheit haben.
- Viele Erkrankungen der Knochen sind auf Ernährungs- und Aufzuchtfehler in der Jugend zurückzuführen und seltener vererbungsmäßig bedingt.
- Das komplizierte Zusammenspiel im Stoffwechsel von Calcium, Phosphor, Vitamin D und Hormonen muss besonders während des Wachstums des Aussie berücksichtigt werden.
- Das Ca-P-Verhältnis sollte etwa 1,5 : 1 betragen.
- Übermäßige Fleischfütterung führt rasch zur Verschiebung dieses Verhältnisses in Richtung Phosphor, und Skelettveränderungen sind die Folge.
- Auch eine Überdosierung von Vitamin D kann krankhafte Veränderungen hervorrufen. Calcium wird dem Skelett entnommen und in Lunge, Nieren und auch Blutgefäßen eingelagert.
- Sind in der Futterration übermäßig viel Protein oder Fett enthalten, kann dies zu Durchfällen führen; ebenso wie die Verabreichung von Kuhmilch, da die darin enthaltene Laktose (Milchzucker) infolge des Fehlens des entsprechenden Verdauungsenzyms im Darm nicht aufgespalten werden kann.
- Nebenprodukte der Milch wie Quark und Joghurt oder speziell für Hunde hergestellte Milchaustauscher werden jedoch nicht nur von Welpen, sondern auch von erwachsenen Hunden gut vertragen und sind eine wertvolle Nährstoffquelle besonders während der Aufzucht, Trächtigkeit und Säugezeit.

Es ist der Gesundheit des Aussies zuträglich, wenn die tägliche Futterration auf zwei Mahlzeiten verteilt wird.

Zusammensetzung des Futters

Als ein unter normalen Bedingungen gehaltener, durchschnittlich beanspruchter Familienhund benötigt der Australian Shepherd ein Futter, welches etwa 22 Prozent Eiweiß enthält, Jungtiere brauchen etwas mehr. Hauptlieferant sind Fleisch und Milchprodukte, aber auch Fertigfutter. Der Energiebedarf für einen etwa 20 bis 25 kg schweren Australian Shepherd liegt ungefähr bei 5.200 Kilojoule oder 1.240 Kilokalorien pro Tag.

FÜTTERUNGSBEISPIEL FÜR EINEN ERWACHSENEN AUSTRALIAN SHEPHERD

morgens:	100 g Flockenfutter mit 100 g grünem Pansen oder mit 100 g Dosenfutter oder mit 100 g Quark oder Joghurt
abends:	150 g Trockenfutter

Frisches Wasser muss dem Hund immer zur freien Verfügung stehen.

Flockenfutter wird in etwas warmem Wasser eingeweicht und dickbreiig gereicht, Trockenfutter wird ohne Wasser gegeben. Genaue Mengenangaben sind nicht möglich, da ein besonders sportlich aktiver, trächtiger, säugender oder arbeitender Hund, auch je nach Fabrikat und Qualität des Fertigfutters, gut die doppelte Menge benötigen kann. Entsprechende Mengenangaben findet man meistens auf den Packungen. Ein älterer Hund hat infolge seines verlangsamten Stoffwechsels einen etwas höheren Eiweiß- und Calciumbedarf, jedoch einen deutlich geringeren Energiebedarf. Biologisch hochwertiges Qualitätsfutter, welches auch etwas mehr Ballaststoffe enthält, ist geeignet, um ihm die letzten Jahre erträglicher zu gestalten.

Ernährung des jungen Hundes

Besonderes Augenmerk ist auf die Aufzucht eines jungen Australian Shepherd zu legen. Fehler sind später nicht wieder gut zu machen. Der Aussie benötigt als Welpe etwa die gleiche Futtermenge wie ein erwachsener Hund. Diese kann jedoch von seinem Magen unmöglich in einer Mahlzeit aufgenommen werden, seine Tagesration muss daher in mehrere Portionen aufgeteilt werden. Bis zum Alter von 3 Monaten benötigt er vier Mahlzeiten täglich. Um Magen- und Darmprobleme zu vermeiden, ist es ratsam, den Futterplan des Züchters einzuhalten. Soll dieser später umgestellt werden, ist es besser, das ungewohnte Futter erst einmal ein paar Tage zusammen mit dem gewohnten zu verabreichen.

Bei überhöhter Energiezufuhr sind übermäßige Belastungen seiner Knochen, Bänder und Gelenke die Folge. Daher ist es wichtig, den Welpen während seiner Hauptwachstumsphase nicht zu überfüttern. Ist der Zahnwechsel vorüber, kann auf zwei Mahlzeiten, wie

beim erwachsenen Hund, umgestellt werden. Befindet sich noch ein Futterrest im Napf, wird dieser nach etwa zehn Minuten entfernt und bei den nächsten Mahlzeiten etwas weniger gegeben. Eine Ruhezeit nach der Fütterung ist nicht nur der Verdauung zuträglich, auch der gefürchteten Magendrehung (siehe S. 74) kann so vielleicht vorgebeugt werden. Als Belohnung bekommt der Aussie Hundekuchen und öfter einmal einen Kauknochen. Wasser muss ihm immer frei zur Verfügung stehen!

Mit Leckerli können Sie Ihren Aussie belohnen oder auch kleine Kunststücke einüben. Damit Ihr Hund nicht zu dick wird, müssen sie in die tägliche Futterration einbezogen werden.

FÜTTERUNGSBEISPIEL FÜR EINEN 3–6 MONATE ALTEN WELPEN

morgens:	100 g Flockenfutter mit 100 g Welpenmilch
mittags:	100 g Trockenfutter für Welpen
abends:	100 g Flockenfutter mit 100 g grünem Pansen oder Dosenfutter für Welpen 1 gestr. Teelöffel Calciumcitrat (Tierarzt/Apotheke)

Pflege

Das Stockhaar des Australian Shepherd besteht aus dem Deckhaar mit seinen mehr oder weniger gewellten Nebenhaaren und der je nach Klima und Witterung ausgebildeten Unterwolle. Das typische Aussie-Fell variiert zwischen glatt und leicht gewellt. Ist der Aussie etwa ein Jahr alt, zeigt sich das endgültige Deckhaar. Oft aber ist das Haarkleid des erwachsenen Australian Shepherds erst im Alter von etwa drei Jahren voll entwickelt. Bei korrekter Haarstruktur ist das Fell des Aussies sehr pflegeleicht. Bei Ausflügen gesammelte Kletten oder Grassamen lassen sich einfach durch Bürsten entfernen. Auch Schmutz fällt leicht von selbst heraus, sobald er getrocknet ist. Da sein Fell auch nicht so leicht verfilzt, reicht gründliches Durchbürsten einmal wöchentlich aus. Hierzu eignet sich am besten für die Vorarbeit eine grobe Nadelbürste mit abgerundeten Spitzen und Gummibett, um die Haut nicht zu verletzen. Anschließend wird mit einer Naturhaarbürste – andere Fasern führen zu elektrostatischer Aufladung – das Fell in alle Richtungen gründlich durchgebürstet. So lässt sich Staub entfernen und die Durchblutung der Haut anregen. Hat sich doch einmal ein Filzknoten gebildet, was besonders hinter den Ohren leicht passieren kann, wird dieser vorsichtig der Länge nach aufgeschnitten und vor dem Kämmen mit den Fingern auseinander gezupft. Niemals darf man Filzknoten einfach waagerecht abschneiden, da diese unschönen kurzen Stellen noch nach Monaten zu sehen sind. Während des Haarwechsels, der

Durch die regelmäßige Fellpflege bleibt das Fell nicht nur schön, sondern der Aussie genießt auch diese Zeit der Zuwendung.

von der Länge des Tageslichts, von der Umgebungstemperatur und auch von den Hormonen bestimmt wird, ist es empfehlenswert, öfter einmal das abgestorbene Haar herauszubürsten. Australian Shepherds achten selbst auch sehr auf ein gepflegtes Äußeres. Durch Lecken, Reiben, Wälzen, Kratzen oder Schütteln halten sie ihr Fell trocken und sauber. Unser Chip, mit seinem enorm ausgeprägten Sinn für Reinlichkeit, nimmt sogar noch täglich ein Bad, wenn es die Witterung erlaubt. Wir haben den Eindruck, dass er es mit seiner anschließenden Pflegezeremonie schon ein wenig übertreibt.

Baden

Manchmal stimmt jedoch ihre Auffassung von gutem Duft nicht mit der ihrer Familie überein. Sie wälzen sich gelegentlich in Aas oder dem Kot von anderen Tieren. Obwohl wir den glücklich-stolzen Blick in ihren Augen durchaus zur Kenntnis nehmen, bleibt uns trotzdem nichts anderes übrig, als ein lauwarmes Duschbad in Erwägung zu ziehen, wenn wir weiterhin unter einem Dach miteinander leben wollen. Hierzu verwendet man am besten rückfettende Spezialshampoos (mit einem pH-Wert um 7,5), die die Haut nicht unnötig irritieren. Man sollte darauf achten, dass weder Wasser noch Shampoo in Augen oder Ohren gelangen.

Nach gründlichem Ausspülen und Abtrocknen oder eventuell Fönen sollte der Hund, um Erkältungen zu vermeiden, in der kalten Jahreszeit erst wieder ins Freie gelassen werden, wenn er vollkommen trocken ist.

Viele Australian Shepherds lieben das nasse Element und werden richtige Wasserratten („Chip").

Ohrenpflege

Bei der täglichen Routinekontrolle sollte auch ein Blick in die Ohren selbstverständlich sein. Das Ohr ist ein sehr wichtiges Sinnesorgan für den Hund. Er kann viel besser hören als ein Mensch. Manche Grassamen können sich mit Widerhaken bis zum Inneren des Ohres vorarbeiten und eine Infektion auslösen, wenn sie nicht bald entfernt werden. Eventuell im Gehörgang wachsende Haare müssen herausgezupft werden, damit die Gehörgangsöffnung frei bleibt und die Belüftung gewährleistet ist. Bei übermäßigem, vielleicht sogar dunklem Ohrenschmalz sollte der Tierarzt aufgesucht werden, um die Ursache zu klären. Herkömmliche Ohrreiniger werden in die Ohrmuschel gegossen, durchgeknetet und anschließend vom Hund mitsamt dem Schmutz ausgeschüttelt. Auch ein mit etwas Öl angefeuchteter Wattebausch kann zur Reinigung verwendet werden. Am besten lässt man sich von seinem Tierarzt zeigen, welche Methode und vor allen Dingen *wie* sie angewendet werden soll. Bei unsachgemäßer Reinigung der Ohren werden Fremdkörper oder Ohrenschmalz ins Innere geschoben, wo sie Entzündungen hervorrufen können. Ein gesundes Ohr erscheint beige oder leicht rosa, die Haut eines kranken Ohres rötlich.

Zahnpflege

Auch auf gesunde Zähne muss geachtet werden. Um Zahnbeläge und Zahnsteinbildung zu vermeiden, ist es sinnvoll, weniger eingeweichtes Flockenfutter und dafür mehr festes Trockenfutter anzubieten. Auch harte Hundekuchen oder Kauknochen reinigen die Zähne und kräftigen das Gebiss. Kennt schon der junge Aussie die regelmäßige Zahnkontrolle, gibt es später beim alten Hund keine Probleme, falls tatsächlich einmal Zahnstein vom Besitzer entfernt werden muss, und die Narkose beim Tierarzt kann ihm erspart bleiben. Vorbeugend können die Zähne auch mit einer speziellen Hundezahnpasta geputzt werden. Sie ist in verschiedenen Geschmacksrichtungen, wie beispielsweise Hähnchen oder Rind, erhältlich. Spezielle Zahnbürsten mit besonders weichen, abgerundeten Borsten schonen das Zahnfleisch.

Pfotenpflege

Bei der Kontrolle der Füße können manchmal Schmutz- oder Eisklumpen, gelegentlich auch pflanzliche Teile gefunden werden, die sofort entfernt werden müssen. Auch verfilztes Haar zwischen den Zehen kann Beschwerden beim Laufen verursachen und zu Entzündungen führen. Sind die Nägel zu lang geworden, müssen sie (einschließlich des „Daumennagels") gekürzt werden. Dafür gibt es im Fachhandel praktische Krallenzangen. Bei hellen Krallen kann man bei genügend Licht deutlich den durchbluteten, fleischigen Innenteil der Kralle erkennen, der auf keinen Fall beschädigt werden darf.

Die regelmäßige Kontrolle der Ohren hilft Erkrankungen vorzubeugen.

Die Kontrolle der Zähne fängt bereits beim Welpen an, damit er sich daran gewöhnt. Auch auf Ausstellungen wird das Gebiss kontrolliert.

Bei dunklen Zehennägeln lässt man vorsichtshalber etwas mehr Horn stehen. Für den Fall, dass doch einmal zu weit geschnitten wurde, ist es ratsam, etwas blutstillende Watte im Haus zu haben, da solche Wunden nicht nur sehr schmerzhaft sind, sondern auch lange nachbluten. Ein solches Missgeschick wird sich der Aussie merken und erst einmal niemanden mehr an seine Füße heranlassen wollen. Werden zu lange Krallen nicht geschnitten, sind Verletzungen und Fehlstellungen der Füße die Folge.

Ausbildung

Verständigung

Hunde untereinander verständigen sich durch eine Laut- und Gebärdensprache, die für den Menschen kaum wahrnehmbare Signal-Symbole enthält. Jede Art der Annäherung wird durch emotionalen Ausdruck der Augen, der Haltung der Ohren und des Schwanzes und durch Laute wie Knurren oder Bewegungen, die aufrecht, geduckt oder zögernd sein können, begleitet. Daraus ergibt sich die Reaktion des Gegenübers. Normalerweise leben Menschen mit ihrem Hund in einem gemischten Rudel zusammen. Hunde beobachten ihre Menschen sehr genau. Dies führt dazu, dass die Körpersprache der Menschen, die ihnen selbst größtenteils gar nicht bewusst ist, bei ihren Hunden Reaktionen hervorruft, die sie als Vorausahnung deuten. Tatsächlich aber haben sie von sich aus gelernt, kleinste typische Gesten, Laute oder Gewohnheiten als die Signale ihrer Menschen wahrzunehmen und in ihren Erfahrungsschatz einzuordnen. Auf Grund ihrer Erfahrungen ziehen sie die aus ihrer Sicht logischen Schlüsse. Umgekehrt machen sich Menschen nur selten die Mühe, sich in die Sprache und die Gedanken des Hundes einzufühlen, obwohl dies doch Voraussetzung ist, wenn sie harmonisch und konfliktfrei mit ihm leben wollen. Seine angeborene Fähigkeit der Stimmungsübertragung macht es dem Hund möglich, seine Empfindungen wie Ärger, Angst, Liebebedürftigkeit usw. in speziell für den Menschen übertriebenen Gebärden oder Lautäußerungen mitzuteilen. Wenn der Mensch nicht in der Lage ist, diese Ausdrucksweise richtig zu deuten oder passive (der Hund wirft sich mit allen Zeichen der Demut auf den Rücken) wie aktive (der Hund bettelt, ähnlich wie ein Welpe um Futter, um Zuneigung) Unterwerfungsgesten nicht augenblicklich beachtet, wird der Hund verunsichert, was ihm letztendlich das Lernen sehr erschwert. Viele Aussies können lächeln, was oft mit Drohen verwechselt wird, andere setzen in freudiger Erwartung ihr „Spielgesicht" auf und wieder andere erzählen gern.

Meggie, zehn Wochen alt, war gerade ein paar Tage bei uns, als es abends in Strömen regnete. Da ich nicht nass werden wollte, blieb ich an der Tür und gab ihr mit einer Armbewegung zu verstehen, in welche Richtung sie laufen sollte, um ihr Geschäft auf der Wiese zu erledigen. Zögernd, mit eingeklemmtem Stummelschwanz, lief sie in der Dunkelheit einmal ums Haus und setzte sich dann brav vor mich. In die andere Richtung geschickt, lief sie eben anders herum. Ihr Geschäft erledigte sie nicht, da musste ich schon mitkommen. Es hat einige Zeit gedauert, bis ich endlich begriff, wie dumm ich mich angestellt hatte. Auch ich als Mensch lerne ständig von meinen Hunden. Und ich habe die Erfahrung gemacht, je intelligenter sie sind, desto mehr bin ich gefordert.

Bitte...
(Faithful Black Boy vom Kies. Bes. K. Link)

Jede Rasse hat, abhängig von den Aufgaben, für die sie ursprünglich gezüchtet wurden, ihre eigenen typischen Verhaltensweisen und auch Tiere einer Rasse unterscheiden sich – wie jeder Mensch ist auch jeder Hund ein Individuum. Die rassetypischen Umgangsformen mit Artgenossen oder Situationen werden zusätzlich durch persönliche Erfahrungen geprägt. Unsere Besucher dürfen beispielsweise ihren Hund mitbringen. Allerdings ist Meggie sehr darauf bedacht, dass sich dieser ihr und uns gegenüber wohlerzogen benimmt und vor allen Dingen, dass er sich an unsere Familienregeln hält. Sie ist sehr ordnungsliebend und kann recht ärgerlich werden, wenn sich ein fremder Hund einfach so auf unser Sofa begibt. Auch wenn sich Hunde, Kinder oder Erwachsene unserer Besucher ins Haus begeben, während wir uns auf dem Grundstück aufhalten oder umgekehrt, werden sie von ihr begleitet und aufmerksam beobachtet. Komme ich dazu, sehe ich sofort ihren fragenden Blick: „Dürfen die das?" Nörgelt der Hundehalter zu viel an seinem Hund herum, ermahnt oder ruft ihn ständig, sieht Meggie es als ihre Aufgabe an, für Ordnung zu sorgen. Dies macht sie natürlich auf Aussie-Art und so eindrucksvoll es auf den Menschen auch wirken mag, dem fremden Hund wird kein Haar gekrümmt, die Ordnung ist wieder hergestellt – aber nun ist der Besitzer beleidigt, wegen unseres unmöglichen Hundes. Wie schade, denn er hat gerade verpasst, eine Menge von ihm zu lernen. Es gibt Rassen, die große Rudel lieben. Sie begegnen jedem Fremden freundlich und nehmen ihn gern in ihr Rudel auf. Der Australian Shepherd liebt kleine Rudel, er ist eher an engen Verhältnissen interessiert. Sein Rudel, welches als Arbeitshund aus Schäfer und Hund besteht, dehnt er auch auf die übrigen Familienmitglieder aus – sein Rudel bedeutet ihm alles. Als erwachsener Hund ist er kaum an fremden Hunden interessiert, er spielt nur mit Freunden. Plumpe Aufdringlichkeit von fremden Hunden oder Menschen schätzt er überhaupt nicht.

Hundevereine und Ausbilder

Es ist empfehlenswert, das Training auf dem Platz eines Hundevereins zu absolvieren, der vom VDH bzw. FCI anerkannte Begleithundeprüfungen durchführt, denn diese ist Voraussetzung für viele Spezialausbildungen, die man vielleicht zu einem späteren Zeitpunkt einmal anstrebt. Bei privaten Anbietern gewinnt man gelegentlich den Eindruck, dass alles nur auf Profit ausgelegt ist; vor allem, wenn die gebotene Leistung in keinem Verhältnis zu den enorm hohen Kosten steht. Üblicherweise wird man auf dem Hundeplatz als Aussie-Erstbesitzer erst einmal von seinen Mitmenschen ordentlich verunsichert. Ratschläge, die für andere Rassen richtig sein können, müssen nicht unbedingt auch für den Aussie zutreffen. Auch trifft

Wir haben Besuch – und Meggie hat alles unter Kontrolle.

man Leute, die geringen Sachverstand mit überzeugenden Reden auszugleichen versuchen. Am besten ist es, sich an einem Menschen zu orientieren, von dem man den Eindruck hat, dass er bestens mit seinem Hund zurechtkommt und beide dabei glücklich sind – und dabei sollte man auch bleiben und nicht sich und den Hund verrückt machen lassen. Idealerweise verfügt der Ausbilder über spezielle, die Hütehunde betreffende Kenntnisse, wenn er schon keine persönlichen Erfahrungen damit hat. Ein guter Übungsleiter wird unter der Berücksichtigung der Rasse und des individuellen Wesens eines jeden Hundes auch alternative Trainingsmöglichkeiten anbieten.

Tipp

Es gibt Hundetrainer, die sich auf die Ausbildung von Hütehunden spezialisiert haben und sogar Hüteseminare abhalten. Mehr Informationen finden Sie über die Clubs und Vereine (siehe S. 149).

Jeder Hund ist anders und hat seine ganz eigenen Ansprüche an den Besitzer.

Hundeplätze, auf denen die Kommandos geschrien statt gesprochen werden, oder solche, auf denen die Prügelstrafe als Erziehungsmittel dienen soll, sind nicht empfehlenswert. Sie sollten ebenso gemieden werden wie Plätze, auf denen Raufer die Möglichkeit haben, sogar Welpen oder Junghunde zu attackieren. Ein Platz, mit dem sich Welpen bis zu einem Alter von sechs Monaten vertraut machen können und unter sich spielen dürfen, wird der positiven Entwicklung eher förderlich sein. Hunde, besonders junge, spielen gern mit Freunden. Dies heißt aber nicht, dass jeder fremde Hund, den sie treffen, automatisch ein Freund ist. Da geht es ihnen nicht anders als uns Menschen. Oft ist zu beobachten, dass während der Spielzeiten vor und nach den Übungen ein, zwei Hunde ständig die übrigen, besonders die jüngeren, attackieren und damit das normale Spielverhalten und die Entstehung von Freundschaften zwischen den anderen Tieren verhindern. Niemand kümmert sich darum und sollte doch einmal ein Besitzer nach seinem Hund rufen, hört er sowieso nicht. Diese gewisse Gleichgültigkeit einiger Übungsleiter ebenso gleichgültigen Hundebesitzern gegenüber, die sich scheinbar ihrer Verantwortung nicht bewusst sind, nimmt nicht nur den übrigen Hunden, sondern auch ihren Menschen den Spaß an der Sache.

Ansprüche an den Ausbilder

Ein guter Übungsleiter hat eigentlich weniger mit der Erziehung des Hundes zum Gehorsam direkt zu tun – es sind die Hundehalter, die lernen müssen, ihre eigenen Fehler zu erkennen, um ohne Missverständnisse mit ihrem Hund umgehen zu können. Die Ausbildung ist wirkungsvoller, wenn sie unter Berücksichtigung der Rasse und des individuellen Charakters des Hundes erfolgt. Nur wer sich mit der Denkweise seines Hundes auseinander setzt und mit Konsequenz und Güte sein Ziel verfolgt, wird letztendlich seinen Wunschhund bekommen. Es ist durchaus möglich, dass man seinem Aussie statt des gewünschten Verhaltens genau das Gegenteil anerzieht. Bellt er beispielsweise einen fremden Hund an und ihm wird mit beruhigenden Worten erklärt, dass dieser eigentlich doch ganz lieb ist, hat man ihm nicht gesagt, dass sich so etwas nicht gehört, sondern ihn für sein Bellen gelobt. Als Hundehalter muss man sich daher angewöhnen, nicht nur darauf zu achten, was man sagt, sondern auch, wie man es sagt und vor allen Dingen daran denken, wie es der Hund aus seiner Sicht auffassen muss. Beobachtet man seinen Aussie genau, kann man schon auf die Absicht einer unerwünschten Handlung einwirken. Ist die Einwirkung nicht stark genug, wird sie als Spiel oder bloß als unangenehm aufgefasst und der Hund kann in seinem Vorhaben noch bestärkt werden.

Der Australian Shepherd ist ein sehr intelligenter Hund. Dies darf aber nicht zu dem Trugschluss führen, dass er, wie *Lassie,* immer bereit und uneigennützig, ständig „gute Taten" vollbringt. Hunde wie *Lassie* gibt es nicht, sie sind eine Filmillusion. Der Australian Shepherd ist in der Lage, besonders gut zu lernen, weil er sehr anpassungsfähig ist, sich sehr eng seiner Familie anschließt und vor allem, weil er große Freude am gemeinsamen Tun hat. Aber es geht ihm nicht anders als uns Menschen. Wir verfügen über die Intelligenz, Rechnen oder Lesen zu lernen. Dürfen wir nicht zur Schule gehen und zeigt uns auch sonst niemand, wie es geht, können wir es nicht.

Rettungshund „Scilla" bei einer der schwierigsten Aufgaben – Laufen über eine Leiter.
Bes.: Dr. I. Güthle

Basis-Training

Bei der Ausbildung zum Gehorsam lernt der Aussie eigentlich nichts Neues. Es wird von ihm nur erwartet, dass er Dinge, die er sowieso ständig tut, auf unseren Wunsch hin ausführt oder unterlässt. Bis er Befehle wirklich befolgt, bedarf es viel Übung, Zeit und Geduld. Nicht stundenlanges Training, sondern regelmäßige kurze Übungen von etwa zehn Minuten, später auch an wechselnden Orten, die immer mit einem Erfolgserlebnis für den Aussie enden, fördern seine Freude. Der Hund darf nicht überfordert werden. Kann er sich nicht mehr konzentrieren oder verliert er die Lust an der Sache, kann er auch nichts lernen. Überschwängliches Loben, verbunden mit einigen Leckerbissen, welches ausbleibt bzw. durch ein Wort des Missfallens ersetzt wird, wenn der Hund etwas falsch gemacht hat, fördert das Vertrauen und den Lernwillen. Bestrafung, Misserfolg und zu wenig Training vermindern die Lernfähigkeit trotz guter Anlagen.

„Hier"

Das Wichtigste aller Kommandos ist das „Hier", denn es kann für den Aussie lebensrettend sein. Gemeint ist damit, dass der Hund jederzeit, egal was auch passiert, alles andere ignoriert und sofort zu uns kommt. Dies üben wir schon mit dem Welpen. Wir rufen ihn, so freundlich, wie wir können, mit seinem Namen, damit er aufmerksam wird, und „Hier". Ist er bei uns, zeigen wir uns hoch erfreut und er bekommt sofort einen Hundekeks. Auch später, egal wie ärgerlich unsere eigene Stimmung situationsbedingt auch sein mag, heißt es loben, loben, loben. Niemals rufen wir den Aussie zu uns, um mit ihm wegen einer vorausgegangenen Ungezogenheit zu

So soll es aussehen: „Murphie" kommt freudig auf das Rufen seiner Besitzerin herangestürmt.

Aufmerksam und gespannt wartet der Aussie auf die nächste Übung.

schimpfen oder ihn mit der Flohspraydose oder anderen unangenehmen Dingen zu konfrontieren. Dann fühlt er sich für sein Kommen bestraft. Das „Hier" muss **immer** etwas Angenehmes bedeuten. Wenn wir bei unserem Junghund nicht sicher sind, dass er unseren Wunsch befolgen wird, weil er vielleicht gerade mit einem Artgenossen glücklich herumtollt, rufen wir ihn auch nicht. Er soll gar nicht erst merken, wie leicht er sich unseren Einwirkungen entziehen kann, sobald er ohne Leine läuft. Das „Hier"-Kommando kann auch mit der langen Leine (siehe S. 42) geübt werden.

„Sitz"

Schon ein Welpe kann lernen, was mit dem Wort „Sitz" gemeint ist. Hält man einen Hundekeks vor seine Nase, führt dann die Hand langsam mit dem Leckerbissen über seinen Rücken in Richtung Hinterteil und benutzt dabei gleichzeitig seinen Namen sowie das

Wort „Sitz", wird er sich normalerweise setzen, worauf er selbstverständlich ausgiebig gelobt wird. Später kann man das „Sitz" mit dem angeleinten Aussie, der links neben einem steht, üben. Gleichzeitig mit dem Hörzeichen wird der Hund mit der rechten Hand am Halsband festgehalten, während die linke Hand das Hinterteil sanft nach unten drückt. Im Haus lassen wir den Aussie immer sitzen, wenn er etwas von uns wünscht, wie z. B. den gefüllten Futternapf, einen Kauknochen oder ein paar Streicheleinheiten. So lernt er, für uns zu „arbeiten". Auch unerwünschtes Anspringen wird er bald unterlassen, da er nicht beides gleichzeitig tun kann.

„Platz"

Das Hörzeichen „Platz" geben wir anfangs am besten aus der Sitzposition heraus. Mit der rechten Hand halten wir einen Hundekeks vor seine Nase und führen diesen langsam nach vorne und unten. Der Hund wird dem Keks folgen und von selbst liegen. Hat er die gewünschte Stellung eingenommen, wird er sofort gelobt und bekommt seinen Leckerbissen. Er darf aber erst wieder aufstehen, wenn es ihm erlaubt wird. Eine weitere Möglichkeit ist, sich selbst

Hat der Hund das Kommando „Platz" verstanden, kann man sich einige Schritte von ihm entfernen, um das „Bleib" zu trainieren.

auf den Boden zu setzen, seine Knie anzuwinkeln und dem Hund auf das Hörzeichen „Platz" einen Hundekeks in dem so entstandenen „Tunnel" anzubieten und ihn sofort zu belohnen, sobald er liegt.

„Bleib"

Das Zweitwichtigste aller Kommandos ist das „Bleib". Der Aussie lernt, einen ihm zugewiesenen Platz nicht zu verlassen, bis er wieder abgeholt wird. Damit er nicht den Eindruck bekommt, wir hätten ihn vergessen, beginnt die Übung mit nur einigen Sekunden und wird dann später allmählich auf etwa zwanzig Minuten oder länger ausgedehnt. Anfangs verlassen wir den an unserer linken Seite „Platz" machenden Hund nur um etwa zwei Schritte, nehmen nach ein paar Sekunden unsere Position wieder ein und loben ihn überschwänglich, wenn er ruhig liegen geblieben ist. Ist er aufgestanden, wird er sofort wieder in seine Position gebracht, während wir unser Missfallen mit „Nein" oder einem anderen Wort ausdrücken. Hilfreich bei dieser Übung ist wieder die lange Leine, die um einen Zaunpfosten oder Baum gelegt werden kann; oder auch ein Spiegel (meine Nachbarn müssen mich nun gänzlich für verrückt halten, wenn ich mich draußen minutenlang im Spiegel betrachte), um den Hund beobachten und sofort auf ihn einwirken zu können. Mit der Zeit wird diese Übung auf etwa vierzig Schritte Entfernung ausgedehnt. Folgt uns der Aussie, beginnen wir wieder dort, wo es für ihn noch akzeptabel war. Im Alltagsleben verwenden wir das „Bleib" u.a., wenn wir die Haus- oder Autotür öffnen und der Aussie nicht gleich ins Freie stürmen soll. Dies können wir auch schon mit dem Junghund üben, wobei es nicht wichtig ist, ob er liegt, sitzt oder steht.

> **Tipp**
>
> *Jedes Hörzeichen kann auch durch eine typische Handbewegung begleitet werden. Diese individuellen Sichtzeichen lassen sich später gut auf größeren Entfernungen anwenden, ohne dass man schreien muss.*

Murphie hat das „Sitz" verstanden und wartet auf die nächste Aufgabe.

„Fuß" und Leinenführigkeit

Leinenführigkeit bedeutet, dass sich der Aussie beim Gehen oder Laufen und auch bei Richtungsänderungen unserer Gangart anpasst, ohne an der Leine zu ziehen und zu zerren. Seine Schulter befindet sich in Höhe der linken Seite unseres Knies. Wir starten mit dem an unserer linken Seite sitzenden Hund. Mit dem Hörzeichen „Fuß" setzen wir uns, beginnend mit unserem linken Fuß, in Bewegung. Läuft er korrekt, loben wir ihn, zerrt er an der Leine, ertönt unser

„Falsch" oder „Nein", dem wieder unser freundliches „Fuß" folgt und, wenn sich der Hund wunschgemäß bewegt, wieder unser Lob. Anfangs herrscht ein ständiger Wechsel zwischen Korrektur und Lob, aber es hilft dem Aussie zu lernen. Häufige Richtungswechsel und auch das dichte Vorbeigehen an Hindernissen, wie Pfählen, Bäumen oder Zäunen unterstützen das Erlangen der gewünschten Position.

Zeigt der Aussie auf unseren Wunsch hin korrektes Verhalten, wird das jeweilige Training nach ausgiebigem Loben abgebrochen und wir machen mit einer anderen Übung weiter. Lassen wir ihn korrekt ausgeführte Übungen wiederholen, glaubt er an Fehler, wird unsicher und verliert die Lust am Lernen. Auch dürfen wir nicht vergessen ihm mitzuteilen, dass die jeweilige Übung beendet ist. Ein bestimmtes Wort, wie z. B. „Fertig" oder „O.k." wird verhindern, dass unser Aussie womöglich tagelang auf einem ihm zugewiesenen Platz verharrt oder sich durch intelligenten Ungehorsam der Situation entzieht.

Zunehmend mit seiner Folgsamkeit bekommt der Aussie immer mehr Freiheiten und nicht umgekehrt, wie es oft zu beobachten ist. Im Straßenverkehr allerdings gehört ein Hund, ob mit oder ohne Ausbildung, an die Leine. Selbst wenn er aufs Wort gehorcht, so ist man als Mensch nicht in der Lage, den Hund und gleichzeitig die Ereignisse ununterbrochen im Auge zu behalten, um gegebenenfalls sofort auf ihn einwirken zu können. Ein Freund oder Feind, den man selbst zu spät sieht, oder ein Hund, der plötzlich hinter dem Gartenzaun bellt, kann zu einem kurzen Satz vor lauter Schreck auf die Straße führen und diesen Spaziergang schnell zu dem letzten machen. Unterwegs bleibt der Aussie bei seiner Familie, ohne Jagdtrieb zu zeigen. Als junger Hütehund neigt er jedoch dazu alles, was sich bewegt, zu fangen und unter seine Kontrolle zu bringen; vom harmlosen Schmetterling über die Schubkarre bis hin zum fahrenden Auto.

Die Mühe lohnt sich!

Training und Erziehung sind nicht ganz so einfach, wie oft geglaubt wird. Erwünschtes wie unerwünschtes Verhalten wird gleichermaßen schnell gelernt. Zudem reagieren Australian Shepherds sensibel auf Hör- und Sichtzeichen – auch auf unbeabsichtigte. Ihre Intelligenz ist eng verknüpft mit dem Hütetrieb. Manche Aussies entwickeln eigene Ideen und neigen zu „Verbesserungsvorschlägen". Je intelligenter sie sind, desto höhere

Zuerst übt man das „Fuß gehen" mit Leine. Funktioniert dies gut, kann man es auch ohne Leine versuchen.

Anforderungen stellen sie an ihre Menschen. Der Australian Shepherd ist durchaus in der Lage, weitaus mehr Begriffe als hier aufgeführt zu verstehen. Aber allein schon diese fünf machen ihn zu einem angenehmen Begleiter als Familienhund.

Manchmal kann Wohlerzogenheit für einen Aussie jedoch auch recht frustrierend sein. Im Gegensatz zu Chip neigte Meggie als Junghund dazu, uns und unsere Freunde in ihrer überschwänglichen Freude mit Anspringen zu begrüßen. Seitdem sie gelernt hat, dass es uns viel besser gefällt, wenn sie sich brav vor uns setzt, bekommt sie viel weniger Beachtung und Streicheleinheiten von unseren Besuchern.

Im Alltagsleben können noch weitere Hörzeichen hilfreich sein, besonders, wenn wir mit mehreren freilaufenden Aussie unterwegs sind. Wir benutzen zum Beispiel das „ganz dicht" an unübersichtlichen Wegkreuzungen und bei Begegnungen mit Spaziergängern, Joggern oder Reitern. Hier müssen die Hunde nicht streng bei Fuß laufen, sondern eben nur ganz dicht bei und hinter uns sein, bis das belohnende „o.k." ertönt; welches auch in der Ausbildung das vorausgegangene Kommando aufhebt. Durch das Training wächst nicht nur die Bindung, sondern auch das gegenseitige Vertrauen. Letztendlich wird der wohlerzogene Aussie viel mehr Freiheiten genießen können als sein Artgenosse, dessen Menschen sich diese Mühe nicht gemacht haben.

Geschafft! Beenden Sie Ihr Training mit einem lustigen Spiel oder ausgelassenem Toben.

Sport und Spiel

Die meisten „Denkspiele" können wir bei jedem Wetter einfach im Haus abhalten. Bei uns sind besonders das „Zaubern", das „Aufräumen" und das „Verstecken" beliebt.

Beim **Zaubern** zeigt man den Hunden einen Ball und lässt sie nach einigen Ablenkungen raten, in welcher Hand er sich befindet. Dabei ist er öfter einmal scheinbar ganz verschwunden und es ist immer wieder rührend, ihre erstaunten Blicke zu sehen.

Schwimmen ist ein gutes Muskeltraining und beim gemeinsamen Baden haben alle ihren Spaß.

Beim **Aufräumen** muss das Hundespielzeug, jedes davon hat seinen ganz bestimmten Namen, in der von uns gewünschten Reihenfolge in einen im Wohnzimmer aufgestellten Korb befördert werden.

Beim **Verstecken** müssen unsere Aussies einen bestimmten Gegenstand, der ihnen namentlich bekannt ist, oder manchmal auch uns selbst suchen. Es ist nicht schwierig, einem Aussie Freude zu bereiten und er benötigt keine extreme Beschäftigung, wenn er am alltäglichen Familienleben teilnehmen darf.

Organisierte Ausbildungsangebote

Als Aussie-Liebhaber in Deutschland haben wir aber auch die Möglichkeit, an verschiedenen Veranstaltungen des *Australian Shepherd Clubs Deutschland e.V.* teilzunehmen. Ist der Weg für regelmäßiges Training zu weit, bieten sich auch örtliche Vereine der verschiedenen Rassehundeclubs an. Mitgliedsvereine des VDH (*Verband für das Deutsche Hundewesen e.V.*), dem auch der dhv (*Deutscher Hundesportverband e.V.*) angeschlossen ist, ermöglichen die entsprechenden Ausbildungen zum verkehrssicheren Begleithund und Fährtenhund oder die Teilnahme an verschiedenen Hundesportarten bis hin zum Turniersport. Die abgelegten Prüfungen entsprechen dem Reglement der FCI (*Fédération Cynologique Internationale*).

Sport und Spiel | 65

„Spielzeug aufräumen"
gezeigt von Petra Führmann mit Frieko's Shean McLaud

1 Dieses Spiel macht Hunden großen Spaß und bei Ihnen zu Hause sind die Spielsachen schnell weggeräumt.

2 Lassen Sie Ihren Hund Gegenstände aufnehmen und heranbringen.

3 Auf das Hörzeichen „Aus" fällt das Spielzeug in die Kiste, welche sich bei der Übung zwischen Mensch und Hund befindet.

4 Loben nicht vergessen, auch wenn es mal daneben geht.

Die Bewältigung der Schrägwand stärkt das Selbstvertrauen des Hundes.

Agility

Das heutige „Agility" wurde anlässlich der Crufts Dog Show (der jährlich stattfindenden größten Hundeausstellung der Welt) 1977 in London zum ersten Mal gezeigt. Um den Besuchern mehr Unterhaltung zu bieten, wurde im Ehrenring für die Hunde ein abgewandelter Pferde-Parcours aufgebaut. Die Resonanz bei den Hunden sowie bei den Menschen war überwältigend. Fünf Jahre später entstanden die ersten Agility-Vereine und heute werden bereits Europa- und Weltmeisterschaften ausgetragen. Agility bedeutet in erster Linie Spaß für alle Beteiligten. Übersetzt heißt es „Behändigkeit" und diese betrifft Körper und Geist gleichermaßen. Agility fordert den ganzen Hund – und seinen menschlichen Partner, denn Agility ist Teamwork. Gemeinsam lernen beide, sich durch Handzeichen oder kurze Zurufe zu verständigen. Es wird eine tiefe Bindung geschaffen, die gegenseitiges Vertrauen voraussetzt. Der Hund bekommt die nötige Bewegung, den Kontakt zu anderen Hunden und wird das Erlernte auch außerhalb des Platzes zeigen. Agility bedeutet Lernen und Erziehung durch Spiel – ein Vergnügen für Hunde und Menschen jeden Alters. Während es für die zweibeinigen Teamgefährten keine Altersbeschränkungen gibt, ist es sinnvoll, mit dem älteren Aussie, ab etwa sechs Jahren, etwas weniger zu trainieren und ihn genau zu beobachten. Eventuell auftretende Lahmheiten erfordern eine Einstellung seiner sportlichen Aktivitäten, um die Probleme nicht zu verschlimmern. Ein junger Aussie, unter 12–15 Monaten, kann sich durchaus schon mit der Atmosphäre des Platzes, den anderen Hunden und einigen Hindernissen vertraut machen, sein eigentliches Training sollte jedoch erst beginnen, wenn sein Wachstum abgeschlossen ist.

Die Hindernisse, die sich beliebig kombinieren lassen, bestehen aus Hürden, Viadukt oder Mauer, Tisch, Laufsteg, Wippe, Schrägwand, Slalom, Stoff- und festem Tunnel, Reifen, Weitsprung und Wassergraben. Mindest- und Höchstmaße sowie die Art und Weise, wie sie zu überwinden sind, werden vorgeschrieben. Idealerweise überschreitet die Höhe der Hürden schon aus gesundheitlichen Gründen nicht die Schulterhöhe des Hundes. Jedes *gemeinsame* Erfolgserlebnis, welches selbstverständlich von überschwänglichem Lob begleitet wird, dient dem gegenseitigen Vertrauen. Die Unterstützung und das freundliche Zureden in schwierigen Situationen sowie das Lob seines Menschen können den Aussie zu Höchstleistungen beflügeln. Die für ihn so wichtige Geborgenheit im Rudel dankt er seiner Familie, indem er die Rangordnung ohne Zweifel anerkennt. Ziel eines Wettbewerbs ist es, den Hund dazu zu bringen, die Hindernisse in der vorher vom Richter festgelegten Reihenfolge und Zeit zu bewältigen. Dabei stehen Geschicklichkeit und

Im Slalom ist körperliche Geschicklichkeit gefragt.

Intelligenz im Vordergrund. Für Fehler auf der Strecke und Überschreiten der Standardzeit werden Strafpunkte vergeben. Nur bei gleicher Anzahl von Fehlern wird die Platzierung letztendlich durch die bessere Zeit entschieden. Wer einmal gesehen hat, mit welcher Freude die Hunde bei der Sache sind, die sich automatisch auf ihre Menschen überträgt, und ihre Begeisterung erlebt hat, die selbst das Publikum mitreißt, kann sich eine schönere gemeinsame Freizeitbeschäftigung kaum vorstellen.

Weitere Wettbewerbe

Christi Goodman, USA mit ihrem Aussie (Frisbee-Weltsiegerin 2003).

Es gibt aber noch weitere Möglichkeiten für gemeinsamen Sport und Vergnügen. Im Turniersport, der Disziplinen anbietet wie den gemeinsamen **Hürdenlauf**, den **Slalom**, den **Hindernis-** und **Geländelauf**, werden die Wettbewerbe im Vierkampf zusammengefasst. Beim **Flyball** treten zwei getrennte Mannschaften mit je vier Hunden im Staffellauf an. Dabei ist per Pfotendruck ein Ball aus einem speziellen Gerät hoch zu katapultieren, zu fangen und über eine Hürdenstrecke zu seinem Menschen zu bringen, was zweimal hin und zurück erfolgen muss. Erst dann darf der zweite an die Ballmaschine. Eingreifen dürfen die Menschen nicht. Besonders in Amerika werden **Frisbee-Wettbewerbe** durchgeführt, die Sprungvermögen, Geschicklichkeit und ebenfalls ein gewisses Mitdenken voraussetzen. Auf internationaler Ebene werden auch Gehorsamswettbewerbe (**Obedience**) ausgetragen. Leinenführigkeit, Freifolgen bei Fuß, Ablegen, das Bringen von bestimmten Gegenständen, auch über Hürden, sowie die Nasenarbeit sind u. a. gefragt. Die Australian Shepherds starten je nach Ausbildungsstand in verschiedenen Klassen mit unterschiedlichem Schwierigkeitsgrad. Auch hier wird nach einem Punktesystem bewertet. Der Australian Shepherd ist kein Hund, den man anfeuern muss. Ein ruhiger Umgang mit leiser Stimme ist eher angebracht, sonst wird er sich einfach nur aufregen, anstatt konzentriert zu arbeiten.

Begleithund (BH)

Eine Voraussetzung für viele Spezialausbildungen ist die bestandene Prüfung zum verkehrssicheren Begleithund. Aber auch wer mit seinem Aussie keine größeren Ziele anstrebt, sollte diese Art der Ausbildung nutzen. Der Sinn liegt nicht im Herumkommandieren des Tieres. Im Training lernen Hund und Mensch, sich miteinander zu verständigen und ein Team zu bilden sowie gegenseitiges Vertrauen aufzubauen, welches dem Hund schließlich mehr Freiheiten ermöglicht. In unserer zunehmend egoistischer und intoleranter werdenden Welt sind Zuverlässigkeit und Gehorsam auch im täglichen Alltag von großem Wert, wenn der Aussie immer dabei sein soll und unsere lieben Mitmenschen sich nicht in irgendeiner Form belästigt fühlen sollen. Grundlage sind die Basis-Kommandos „Fuß", „Sitz", „Platz" und „Hier". Weitere Hör- oder gar Sichtzeichen dürfen nicht gegeben werden. Zur Prüfung sind Hunde aller Rassen und Größen mit einem Mindestalter von zwölf Monaten zugelassen. Prüfungen werden nur anerkannt, wenn sie in einem von der FCI anerkannten Gebrauchshundeverband bzw. Rassehundezuchtverein für Gebrauchshunde abgelegt werden. Die Begleithundprüfung erfolgt in zwei Abteilungen. Auf dem Übungsplatz oder in freiem Gelände sind 60 Punkte, bei der Verkehrssicherheitsprüfung in praktischer Ausführung 40 Punkte erreichbar. Ein Ausbildungskennzeichen kann nur vergeben werden, wenn jeweils mindestens 70 Prozent der geforderten Leistungen erbracht wurden. Geprüft wird in der ersten Abteilung Leinenführigkeit und Unbefangenheit, Freifolgen, Sitz (und Platz) aus der Bewegung, Ablegen in Verbindung mit Herankommen und Ablegen des Hundes unter Ablenkung. Während der Hundeführer mit dem frei folgenden Hund die Übung ausführt, werden aus 15 Schritt Entfernung zwei Schüsse (Kaliber 6–9 mm) im Abstand von einigen Sekunden abgegeben. Der Hund hat sich schussgleichgültig zu verhalten. Der Prüfungsablauf der Verkehrssicherheitsprüfung umfasst die Führigkeit und das Verhalten im Straßenverkehr; das Verhalten des Hundes unter erschwerten Verkehrsverhältnissen; das Verhalten des kurzfristig im Verkehr angeleint allein gelassenen Hundes, auch gegenüber Tieren, und die Gehorsamsprüfung im Verkehr.

> **Wichtig**
>
> *Sportarten, bei denen ein gutes Sprungvermögen Voraussetzung ist, wie z. B. Agility oder Frisbee, erfordern einen vollkommen gesunden Knochenbau. Die extreme Belastung der Pfoten und Gelenke kann die Gesundheit des Aussie beeinträchtigen. Hier sollte man Vorsicht walten lassen und seinem Aussie nicht zu viel zumuten.*

Zieleinlauf im Dreikampf (Pferd mit Reiter – Läufer – Hund mit Führer)
1. Platz für „Mandy" mit Edeltraud Winde.

Gesundheit

Krankheitsanzeichen

Artgerechte Haltung, Ernährung und Pflege sind Voraussetzung für das körperliche und seelische Wohlbefinden des Australian Shepherd. Wer sich täglich mit seinem Aussie beschäftigt, wird Veränderungen im Verhalten und Krankheitssymptome sofort erkennen.

Dies können sein: Verfärbung der Schleimhäute, mangelnde Hautelastizität, abnormer Mundgeruch, Veränderungen an den Augen, Kopfschütteln und Kratzen an den Ohren, Husten, Speicheln, Krämpfe, Blutbeimengungen in Kot und Urin, Durchfall, häufiges Erbrechen, Gewichtsverlust, Umfangsvermehrung des Bauches, Lahmheiten, Bewegungsstörungen, Schmerzäußerungen und Fieber.

Zur sicheren Diagnosestellung ist ein Besuch beim Tierarzt unerlässlich. Je eher die Behandlung beginnt, desto mehr besteht Aussicht auf Erfolg. Warten Sie nicht erst einmal ein paar Tage ab und stellen dann womöglich in der Nacht oder zum Wochenende fest, dass ihr Tier dringend Hilfe braucht – Ihr Aussie *und* Ihr Tierarzt werden es Ihnen danken.

KÖRPERTEMPERATUR

Die Körpertemperatur wird im Enddarm gemessen und liegt bei etwa 38,5 °C. Werte ab 39 °C müssen als Fieber angesehen werden. Temperaturen unter 37,5 °C sind, mit Ausnahme bei einer Hündin kurz vor der Geburt, ebenfalls ein Krankheitsanzeichen, bei dem der Tierarzt sofort aufgesucht werden sollte.

Hauterkrankungen und Ektoparasiten

Ursache für Erkrankungen der Haut mit und ohne Juckreiz können äußere Einflüsse, durch Parasiten oder Hautpilze sowie Fütterungsfehler, Erkrankungen innerer Organe, Hormonstörungen und Allergien sein. Häufiges Kratzen oder Lecken, Schuppen, Pusteln, gerötete Stellen, glanzloses, brüchiges Fell und Haarausfall deuten auf eine Hauterkrankung hin.

Flöhe, Läuse, Haarlinge und Milben

Parasiten wie Flöhe, Läuse, Haarlinge und Milben können jederzeit auch einen gepflegten Hund befallen. Flöhe, die sich bevorzugt an den Innenflächen der Hinterbeine aufhalten und deren schwarzer, krümeliger Kot besonders an der Schwanzwurzel zu finden ist, und Läuse saugen Blut. Haarlinge fressen Hautschuppen und Milben bohren sich in die Haut.

Therapie Besprühung der Haut mit einem verträglichen, wirksamen Kontaktinsektizid. Evtl. Mittel gegen Juckreiz. Bei Flohbefall können neue Spezialmittel, die nicht nur den erwachsenen Floh töten, sondern auch die Entwicklung seiner Larven stoppen, hilfreich sein. Besprühung der Haut und Umgebung mit einem Mittel, dessen natürliche Wachse und Öle die Atmungsorgane der Parasiten verkleben und tägliches, mehrmaliges Kämmen mit einem Flohkamm unterstützen die Behandlung und verringern den Gebrauch von Giften. Da sich nur ein geringer Prozentsatz der Flohpopulation auf dem Tier und der überwiegende Rest in seiner Umgebung aufhält, sind die Liegeplätze in die Maßnahmen unbedingt einzubeziehen. Tägliches Absaugen des Lagers, Waschen der Hundedecken und Wischen oder Aussaugen der Wohnung (Staubsaugerbeutel mit behandeln!) sind notwendig und wichtiger als die Bekämpfung am Tier. Abgesehen von ihrer unbefriedigenden Wirkung geben „Flohschutzhalsbänder" ständig ihre giftigen gas- oder puderförmigen Wirkstoffe ab, was sich besonders bei Autofahrten oder beim Streicheln unangenehm bemerkbar macht. Im Gegensatz dazu sind verschreibungspflichtige Tabletten oder Tropfen, die auf die Haut geträufelt werden, eher wirkungsvoll. Die Anwendung von Mitteln, deren Wirkstoffe in das Blut der Tiere übergehen, ist jedoch nicht unbedenklich. Ein wasserfestes Halsband mit neuem Freisetzungsmechanismus, ohne Verdunstung des Wirkstoffes Deltamethrin, hat sich nicht nur im Alltag auch als Schutz vor Zeckenbissen, sondern auch bei Reisen rund ums Mittelmeer bewährt. Es ist das erste in Deutschland zugelassene Präparat, welches auch vor Stichen der Schmetterlingsmücke (Überträger der Leishmaniose) schützt.

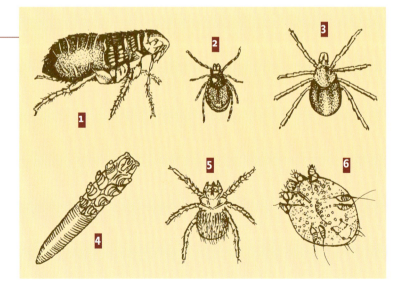

1 Hundefloh
2 Zeckenmännchen
3 Zeckenweibchen
4 Haarbalgmilbe
5 Herbstgrasmilbe
6 Grabmilbe

Hauterkrankungen und Ektoparasiten

Trotz vorbeugender Maßnahmen kann es passieren, dass Ihr Hund hin und wieder Zecken hat. Diese kann man mit einer Zeckenzange entfernen.

Zecken

Sie lassen sich in der warmen Jahreszeit von hohem Gras oder Büschen auf den Hund (oder auch Menschen) fallen, beißen sich in der Haut fest und saugen sich voll Blut. Manche Zecken übertragen Bakterien, so genannte Borrelien, die zu Gelenk- und Nervenerkrankungen sowie zur Schädigung innerer Organe führen können. In manchen Gegenden Deutschlands trägt jeder dritte adulte Holzbock (*Ixodes ricinus*) den Erreger *Borrelia burgdorferi* in sich. Ein Impfstoff kann vor der Erkrankung an Lyme-Borreliose schützen.

Therapie Die Zecke wird dicht über der Hautoberfläche gegriffen und ohne zu quetschen samt Kopf herausgezogen. Bleibt der Kopf stecken, kann dies zu Entzündungen führen. Eine Zeckenzange erleichtert die Prozedur. Eine Behandlung mit Oel oder anderen Flüssigkeiten sollte unterbleiben. Das bereits erwähnte Halsband mit dem Wirkstoff Deltamethrin schützt auch vor Zeckenbissen.

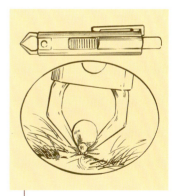

Mit einer Zeckenzange lassen sich die Zecken leicht fassen und mit dem Kopf herausdrehen.

Ohrmilben

Sie leben im äußeren Gehörgang und bohren ihre Eier in die Haut. Typisch ist starker Juckreiz und dunkles Ohrenschmalz.

Therapie Milbentötendes Mittel etwa alle zwei Tage in den Gehörgang gießen, durchkneten und fachgerecht säubern.

Beim Spazierengehen muss auch darauf geachtet werden, dass der Aussie keine ungeeigneten oder sogar giftigen Dinge aufnehmen kann. Hier ist auch ein gut gelerntes „Aus"-Kommando wichtig.

Erkrankungen der Verdauungsorgane

Ursache für Erkrankungen der Verdauungsorgane können u.a. Fütterungsfehler, Wurmbefall, Infektionskrankheiten, Fremdkörper und Vergiftungen sein. Häufiges Erbrechen, Durchfall, Appetitlosigkeit oder Heißhunger, Form- und Farbveränderung des Stuhls, plötzliche Aufblähung und Schmerzempfinden deuten auf eine Erkrankung der Verdauungsorgane hin.

Erbrechen

Dies kann durch zu kaltes Futter oder zu hastiges Fressen gelegentlich auftreten und ist beim Hund ohne große Bedeutung. Auch nach der Aufnahme von Gras oder Knochen wird üblicherweise gelber, schaumiger Schleim erbrochen.

Therapie Bei häufigem Erbrechen oder in Verbindung mit Durchfall abhängig von tierärztlicher Diagnose.

Durchfall

Er ist ein Anzeichen einer Darmerkrankung, die durch verschiedene Ursachen wie beispielsweise Ernährungsfehler, Wurmbefall, Erkältungen, Vergiftungen oder Infektionskrankheiten ausgelöst werden kann.

Therapie Unabhängig von der Ursache muss dem Körper der Flüssigkeitsverlust ersetzt werden, um ihn vor den schwer wiegenden Folgen der Austrocknung zu bewahren. Ist nicht bald eine deutliche Besserung zu erkennen, ist der Tierarzt aufzusuchen. Durchfälle, die mit Erbrechen, Blutbeimengungen oder Fieber verbunden sind, gehören immer sofort in tierärztliche Behandlung.

Verstopfung

Sie kann u.a. nach Knochenfütterung oder Verschlucken von Fremdkörpern auftreten.

Therapie In leichten Fällen genügt die Eingabe von einem Esslöffel Speiseöl; manchmal hilft allerdings nur ein fachgerechter Einlauf.

Vorsicht Knochen sind keine Hundenahrung. Sie können Speiseröhre und Darm ernsthaft verletzen. Stecken gebliebene Knochen und unverdauliche Gegenstände wie zum Beispiel zerkaute Plastikteile oder große Obstkerne können nur durch eine Operation entfernt werden. Es besteht Lebensgefahr!

Magendrehung

Bei der Magendrehung dreht sich der Magen um seine Längsachse, so dass Speiseröhre und Zwölffingerdarm verschlossen werden. Die Ursachen hierfür sind nicht bekannt. Man vermutet, dass die Magendrehung durch Springen und Wälzen, besonders bei gefülltem Magen, begünstigt werden kann. Meist (aber nicht immer!)

bläht sich der Magen rasch mit Gasen auf, die den Organismus vergiften. Auffallend ist eine außergewöhnliche Unruhe. Bald folgt Kreislaufschwäche und schließlich Bewusstlosigkeit. Es besteht akute Lebensgefahr!

Therapie Sofortige Operation und Kreislaufbehandlung. Jede Minute kann letztendlich lebensrettend sein. Ist der Hund bereits bewusstlos oder sind bereits Gewebebezirke abgestorben, sind seine Überlebenschancen nicht mehr sehr groß.

Endoparasiten

Spul-, Haken-, Peitschen- und Bandwürmer kommen relativ häufig vor und können die Gesundheit des Hundes stark beeinträchtigen. Besonders gefährdet sind Welpen. Daher sind regelmäßige, vom Tierarzt verordnete Wurmkuren unerlässlich. Wurmmittel müssen, um wirksam zu sein, ein Gift sein und stellen daher eine negative Beeinflussung für den ganzen Körper dar. Daher ist es sinnvoll, regelmäßig Kotproben, die am besten an drei aufeinander folgenden Tagen gesammelt werden, in einer Tierarztpraxis oder beim Tiergesundheitsamt untersuchen zu lassen. Auf diese Weise kann gegen die betreffenden Wurmarten gezielt vorgegangen werden. Bei Importhunden aus Amerika oder Reisen in südliche Länder sollte auch an die Möglichkeit einer Herzwurminfektion gedacht werden. Vorbeugend wird nur gekochtes oder eingefrorenes Fleisch verfüttert. Flöhe und Haarlinge müssen bekämpft werden. Regelmäßige Beseitigung des Hundekots ist sinnvoll.

Fremden Menschen gegenüber verhält sich der Aussie erst einmal zurückhaltend.
M & M's Cimarron Jordan „Berry".
Bes.: I. Demps

Es gibt viele Möglichkeiten der Freizeitgestaltung...

Infektionskrankheiten und Impfungen

Vor Infektionskrankheiten kann man seinen Aussie durch Impfungen weitestgehend schützen. Entscheidend ist dabei der körperliche Zustand zum Zeitpunkt der Impfung. Auch Tiere, die von Darmparasiten befallen sind, müssen zuerst entwurmt werden. Durch aktive Immunisierung gebildete Antikörper werden von der Hündin mit der Muttermilch an die Jungen weitergegeben. Besitzt sie genügend Antikörper, sind ihre Welpen in den ersten Lebenswochen geschützt. Wird ein solcher Welpe zu früh geimpft, werden die durch die Impfung eingebrachten Erreger von den Antikörpern unschädlich gemacht. Um eine sichere Schutzwirkung zu erreichen, ist daher meistens nach der Erstimpfung, im Abstand von etwa fünf Wochen, eine Wiederholungsimpfung erforderlich

Staupe

Die Staupe ist über die ganze Welt verbreitet. Der Erreger ist ein Virus, der die Atmungs- und Verdauungsorgane, Nieren und Blase, die Augen, die Haut und das Nervensystem angreift. Es besteht hohes Fieber (40–41°C). Oft treten bakterielle Zusatzinfektionen auf. Die Ansteckung erfolgt über Schnauze und Nase des Hundes. Die Erreger können noch Monate nach überstandener Krankheit mit dem Urin ausgeschieden werden. Die Inkubationszeit beträgt 3 bis 6 Tage.

Prophylaxe 1. Impfung im Alter von 7 bis 9 Wochen
2. Impfung im Alter von 12 bis 14 Wochen
Wiederholungsimpfung 1 x jährlich

...und gemeinsam ist alles viel schöner (Chip und Meggie mit ihrem Herrchen auf Bootstour).

Hepatitis

Die Hepatitis ist eine ansteckende, fieberhafte Viruserkrankung, die mit einer Leberentzündung verbunden ist. Sie ist weltweit verbreitet. Der Krankheitsverlauf wird von Mandelentzündung, starken Bauchschmerzen und Lymphknotenschwellungen begleitet. Als Folgeerscheinung können Hornhauttrübungen des Auges auftreten. Die Ansteckung erfolgt durch Speichel, Harn und Kot, aber auch durch den Kontakt mit infizierten Gegenständen. Die Inkubationszeit beträgt vermutlich 4 bis 9 Tage.

Prophylaxe 1. Impfung im Alter von 7 bis 9 Wochen
2. Impfung im Alter von 12 bis 14 Wochen
Wiederholungsimpfung 1 x jährlich

Leptospirose

Die Leptospirose wird durch eine besondere Art von Bakterien, den Leptospiren, hervorgerufen. Sie ist über die ganze Welt verbreitet. Die Leptospiren werden über die Schleimhäute des Verdauungsapparates aufgenommen. Die verschiedenen Erregertypen führen zu unterschiedlichem Krankheitsverlauf. So können leichte, fiebrige Erkrankungen wie auch anhaltender Magen-Darm-Katarrh oder schwere Nieren- und Leberschäden auftreten. Die Leptospiren werden mit dem Harn befallener Tiere, z. B. Ratten, ausgeschieden und sind lange lebensfähig. Die Leptospirose ist eine Zoonose. Sie ist meldepflichtig. Die Inkubationszeit beträgt 5 bis 20 Tage.

Prophylaxe 1. Impfung im Alter von 7 bis 9 Wochen
2. Impfung im Alter von 12 bis 14 Wochen
Wiederholungsimpfungen 1 x jährlich

Parvovirose

Die Parvovirose des Hundes wurde erst 1977 in Amerika entdeckt, von wo sie sich beinahe explosionsartig über die ganze Welt ausbreitete. Die ersten Berichte darüber erschienen 1978 und 1979, bereits zu dieser Zeit traten in Deutschland die ersten Krankheitsfälle auf. Parvoviren sind die kleinsten, am einfachsten aufgebauten Viren, die sich nur in Zellen vermehren, die sich gerade teilen. Beim Welpen sind daher die Herzmuskelzellen, später die Darmzellen, die laufend erneuert werden müssen, betroffen. Während bei der ersten Verlaufsform manche Welpen symptomlos an einer Herzmuskelentzündung sterben, können andere aus demselben Wurf ohne sichtbare Symptome gesund bleiben. Die zweite Verlaufsform der Erkrankung zeigt die Symptome einer leichten bis schweren Magen-Darm-Schleimhautentzündung. Durch häufiges Erbrechen, verbunden mit stinkendem, wässrigem oder blutigem Durchfall, kommt es schnell zu einer allgemeinen Austrocknung des Körpers. Die Symptome treten fast immer aus völliger Gesundheit heraus auf und sind häufig von Fieber begleitet. Der Erreger wird von erkrankten Tieren mit dem Kot ausgeschieden und ist lange lebensfähig. Die Ansteckung erfolgt über Schnauze und Nase des Hundes. Die Inkubationszeit beträgt 7 bis 14 Tage.

Um optimalen Schutz für seinen Aussie zu erhalten, sollte der Tierarzt nach den neuesten Erkenntnissen der Wissenschaft befragt werden.

Prophylaxe 1. Impfung im Alter von 7 Wochen
2. Impfung im Alter von 11 Wochen
3. Impfung im Alter von 15 Wochen
Wiederholungsimpfungen 1 bis 2 x jährlich

Tollwut

Die Tollwut ist eine tödlich verlaufende Viruserkrankung des Zentralnervensystems. Sie ist eine der gefährlichsten Krankheiten für Mensch und Tier, denn sie ist bis heute unheilbar. Infizierte Tiere können sich über längere Zeit fast normal verhalten. Sie sind ruhig, nehmen wenig Anteil an ihrer Umgebung, haben evtl. Speichelfluss, ihre Stimme klingt heiser. Der Tod tritt schließlich durch allgemeine Lähmung ein. Aber auch das Gegenteil kann, wenn heute auch selten, der Fall sein. Starke Unruhe, verbunden mit Bellen und Beißen, Futterverweigerung und starkem Drang zum Entweichen, endet in fortschreitender, am Kopf beginnender Lähmung. Die Tollwut ist eine meldepflichtige Erkrankung. Besteht bei einem Hund Tollwutverdacht, muss er gemäß den veterinärpolizeilichen Vorschriften eingeschläfert werden. Hunde, die gegen Tollwut geimpft wurden, müssen nicht sofort getötet werden, sofern eine unverzügliche Wiederholungsimpfung durchgeführt wird. Übertragen wird die Tollwut durch das Eindringen von Speichel eines erkrankten Tieres in Hautverletzungen oder beim Biss. Die Inkubationszeit beträgt eine Woche bis mehrere Monate. Bei Wildtieren geht die natürliche Scheu vor dem Menschen verloren. Darum niemals zutrauliches oder totes Wild berühren.

Prophylaxe 1. Impfung im Alter von 12 Wochen
Wiederholungsimpfungen 1 x jährlich (pünktlich!)

Zwingerhusten

Der Zwingerhusten ist eine Mischinfektion, die durch verschiedene Viren und Bakterien gemeinsam hervorgerufen wird. Erstes Krankheitsanzeichen ist kurzer, trockener Husten, der auch mit Brechreiz verbunden sein kann, meist ohne Fieber. Später kommt oft klarer Schnupfen und eine Entzündung der Mandeln, des Kehlkopfes und der Luftröhre hinzu.

Urlaubsvergnügen am Strand: Jake Rosebud of Crana und VDH Ch. Mill Creek's Gamblin Man.

Durch Husten werden die erkrankten Tiere stark belastet. Schwere Fälle mit eitrigem Nasenausfluss, Bronchitis und hohem Fieber können auch zu lebensbedrohlichen Zuständen führen. Die Ansteckung erfolgt über eine Tröpfcheninfektion und greift sehr schnell um sich. Auf Hundeplätzen, Ausstellungen, in Tierpensionen oder Tierheimen sind dann beinahe schlagartig die meisten Hunde erkrankt. Die Inkubationszeit beträgt 4 bis 10 Tage. Gegen einige der Zwingerhusten auslösenden Erreger kann der Aussie geimpft werden.

Prophylaxe 1. Impfung im Alter von 7 bis 9 Wochen
2. Impfung im Alter von 12 bis 14 Wochen
Wiederholungsimpfungen 1 x jährlich

> **Wichtig**
>
> **Schock**
> Blasse Schleimhäute, weite Pupillen und erniedrigte Körpertemperatur weisen auf einen Schockzustand hin. Selbst ein scheinbar unverletzter Hund kann noch einige Zeit nach dem Unfall daran sterben.

Erste Hilfe

In einer Notfallsituation gilt die Devise: Ruhe bewahren und zielstrebig, aber nicht unüberlegt handeln. Den Aussie sofort zum Tierarzt bringen und diesen vorher telefonisch, mit kurzer Beschreibung der Situation, verständigen. Ein Hund, der unter großen Schmerzen leidet oder in Panik geraten ist, lässt sich manchmal nicht anfassen und beißt um sich. Um ihm helfen zu können, muss ihm ein Maulkorb angelegt werden. Ersatzweise kann für begrenzte Zeit (der Hund schwitzt durch die Zunge), eine Mullbinde, eine Krawatte oder ein Nylonstrumpf, jedoch keine Schnur verwendet werden. In die Mitte des Bandes wird eine lose Schlinge geknotet, die möglichst weit über die Schnauze geschoben und unter dem Kinn fest verknotet wird. Die Bandenden werden anschließend im Nacken hinter den Ohren zusammengebunden. Festes Anziehen verhindert, dass sich der Hund auf die Zunge beißt. Allerdings darf die Atmung und die Blutzirkulation nicht behindert werden. Muss der Hund erbrechen, ist das Band sofort zu entfernen. Ein Australian Shepherd als Arbeitshund, ist häufiger kritischen Situationen ausgesetzt als ein reiner Familienhund. Aber auch beim Sport können Verletzungen vorkommen.

Unfall

Auch die beste Ausbildung kann nicht mit Sicherheit verhindern, dass der Hund doch einmal auf die Straße läuft, weil er gegenüber einen guten Freund oder seinen größten Feind entdeckt hat und für einen Moment alles vergisst. Im Straßenverkehr gehört ein Hund an die Leine! Hatte der Aussie einen Unfall und ist ohnmächtig oder blutet aus der Mundhöhle, muss die Zunge herausgezogen und das Blut entfernt werden, damit seine Atmung nicht behindert wird. Bei Atemstillstand wird der Brustkorb bei dem auf der Seite liegenden Hund mit beiden Händen kräftig zusammengepresst und wieder losgelassen. Die Maßnahme wird so lange wiederholt, bis der Hund wieder von selbst atmet. Nicht zu früh aufgeben! Bei Verletzungen von Arterien wird die Blutung durch körpernahes, bei Verletzungen von Venen durch körperfernes Abbinden gestoppt. Ist dies nicht möglich, wird das verletzte Gefäß mit den Fingern fest zusammengedrückt. Knochenbrüche an den Läufen lassen sich provisorisch schienen, indem eine Illustrierte fest um das verletzte Bein gewickelt und anschließend mit einer Mullbinde fixiert wird. Bei offenen Brüchen muss die verletzte Stelle mit einem Verband geschützt werden. Der Transport zum Tierarzt erfolgt am besten auf einer Decke oder einem größeren Handtuch, welches an den Enden von zwei Personen getragen wird. Dadurch werden ruckartige Bewegungen und damit verbundene zusätzliche Schmerzen vermieden. Auch ein Hund, der scheinbar unverletzt geblieben ist, muss unbedingt dem

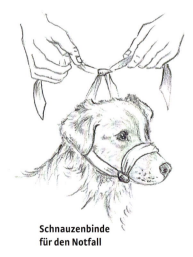

Schnauzenbinde für den Notfall

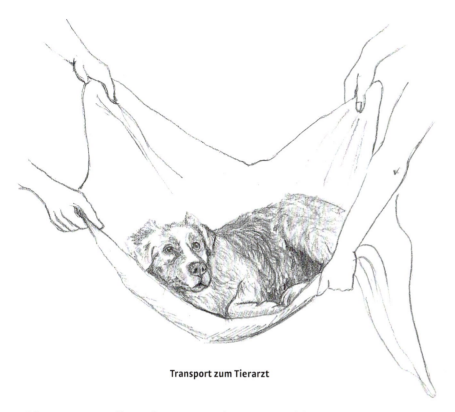

Transport zum Tierarzt

Tierarzt vorgestellt werden. Innere Blutungen sind bei einem Verkehrsunfall nicht selten.

Hautverletzungen

Oberflächliche Abschürfungen oder Schrammen werden mit einer Wundsalbe behandelt. Tiefere Wunden mit Haut- oder Muskeldurchtrennungen, wie sie bei Beißereien oder durch Stacheldraht-

Nicht verletzt: Typische Tiefschlafstellung eines Aussie.

verletzungen entstehen, müssen vom Tierarzt behandelt und evtl. genäht werden, solange die Wundränder noch frisch sind.

Schließen sich tiefe, punktförmige Wunden, wie sie zum Beispiel durch Eckzähne verursacht werden zu früh, können tiefliegende Abzesse die schmerzhafte Folge sein. Bei Bissverletzungen geraten oft Haare in die Wunde und führen zu Infektionen. Schnittverletzungen, die durch herumliegende Glasscherben verursacht werden, sind oft stark blutend und können sehr tief gehen. Solche Wunden müssen mit einem Verband geschützt werden. In allen Fällen von Hautverletzungen ist eine fachgerechte, gründliche Wundreinigung nötig. Wichtig ist, dass keine Haare in die Wunde eindringen und mit dem Wundsekret verkleben. Deshalb müssen sie im Bereich der Verletzung abgeschnitten werden. Eine anschließende Behandlung mit einer evtl. antibiotikahaltigen Wundsalbe beschleunigt die Heilung. Puder wird bei offenen Wunden nicht verwendet, da die entstehenden Verkrustungen die Abheilung hemmen.

Hitzschlag

An heißen Tagen in einem abgestellten Auto oder bei hoher körperlicher Anstrengung kann der Hund durch Hecheln keinen ausreichenden Wärmeausgleich erreichen. Das Herz schlägt schnell, die Körpertemperatur steigt an und Mattigkeit oder Bewusstlosigkeit mit Kreislaufversagen folgen. Der Hund muss sofort in den Schatten gebracht werden. Zur Kühlung wird er, an den Beinen beginnend, mit nassen Tüchern abgerieben. Zur Anregung des Kreislaufs träufelt man einige Tropfen (etwa 20) Essig auf seine Zunge.

Vergiftungen

Besteht der Verdacht auf eine Vergiftung, muss der Tierarzt ebenfalls sofort aufgesucht werden. Giftig sind Frostschutzmittel, Pflanzenschutzmittel, Schneckenbekämpfungsmittel, verschiedene Mäuse- oder Rattengifte, Trockenspiritus für Campingkocher und verschiedene Arzneimittel, besonders Magen-Darm-Präparate. Schwere Vergiftungserscheinungen können auch nach dem Verzehr von Küchenzwiebeln, Avocados und Kakaoprodukten auftreten. Plötzlich auftretendes Speicheln, Erbrechen, Durchfall, Krämpfe, Unruhe oder Müdigkeit können Anzeichen einer Vergiftung sein. Hat man die Giftaufnahme beobachtet, kann man versuchen, den Hund durch Eingabe von 2–3 Teelöffeln Salz zum Erbrechen zu bringen. Der Tierarzt kann Erbrechen schneller und einfacher durch eine Injektion auslösen. Hat der Hund einen ätzenden Stoff aufgenommen, darf er nicht zum Erbrechen gebracht werden, da das Gift weitere Verätzungen in Mundhöhle und Speiseröhre verursachen würde. Am besten ist es, die Substanz, evtl. den Beipackzettel und Erbrochenes mit zum Tierarzt zu nehmen, um eine gezielte Behandlung zu ermöglichen.

Bei hohen Temperaturen sollte der Hund immer die Möglichkeit haben, Schattenplätze aufzusuchen. Auch dürfen sie nicht in geparkten Autos zurückgelassen werden.

Das Riech- und Hörvermögen ist dem unseren weit überlegen. Das Sehvermögen ist weniger stark ausgeprägt. Hier reagieren Hunde vor allem auf Bewegungen.

Vererbbare Erkrankungen

Augen

Das Auge dient dem Sammeln und Verarbeiten ankommender Lichtstrahlen, es ist über den Sehnerv mit dem Gehirn verbunden. Der Augapfel setzt sich aus der lichtempfindlichen Netzhaut und dem lichtbrechenden Anteil von u.a. Hornhaut, Linse und Glaskörper zusammen. Die Umwandlung der Lichtwellen in nervliche Impulse erfolgt in der innersten Schicht des Augapfels, der Netzhaut. Diese verfügt über eigene Blutgefäße, wird aber überwiegend durch die ihr direkt anliegende Aderhaut ernährt. Das *Tapetum lucidum*, eine dünne, zur Aderhaut gehörige, irisierende Zellschicht, dient der besseren Lichtausbeute und Kontrastwahrnehmung beim Sehen in der Dämmerung. Die lichtempfindlichen Teile der Netzhaut sind die Stäbchen, die im Wesentlichen dem Dämmerungssehen dienen, und die Zapfen, die das Sehen im Hellen und das Farbensehen ermöglichen. Es gibt beim Menschen vier Arten von Photorezeptoren, die Stäbchen und drei Zapfenarten, die ihre maximale Empfindlichkeit jeweils im blauen, grünen und gelben Bereich des Spektrums besitzen. Da es beim Hund bisher nur Hinweise für zwei Zapfenarten gibt, wird er möglicherweise Farben in anderer Zusammenstellung wahrnehmen als der Mensch. Bereits in den ersten Lebenstagen des Embryos entwickeln sich Gewebe, aus denen später Gehirn, Haut und Bindegewebe entstehen. Die Netzhaut, die Regenbogenhaut und die Pigmentschicht sind Teile von Hirngewebe, aus Außenhautgewebe wird die Linse gebildet. Daher sind Missbildungen innerhalb derselben Gewebegruppe häufig mit weiteren Fehlbildungen gekoppelt, wie zum Beispiel Blindheit und Taubheit.

**Augenuntersuchungen werden von darauf spezialisierten Tierärzten durchgeführt.
M & M's Fräulein Smilla im Alter von 16 Monaten.**

Collie Eye Anomalie (CEA)

Die Collie Eye Anomalie stellt eine Fundusaushöhlung oder Kolobombildung (Lückenbildung im Augenhintergrund) dar, die im Endeffekt zu Netzhautablösung und/oder Blutungen führen kann. Die Erkrankung soll rezessiv vererbbar sein. Kolobombildung, Netzhautablösung und Blutung im Augapfel stellen drei der fünf möglichen Symptome der CEA dar. Die CEA ist angeboren und im Prinzip nicht fortschreitend (obwohl es plötzliche Verschlechterung geben kann). Die CEA tritt beim Australian Shepherd sehr selten auf. Sie kann im Alter von drei bis acht Wochen festgestellt werden.

Retina Dysplasie

Die Retina Dysplasie ist eine Missbildung der Netzhaut, die mit Netzhautablösung verknüpft sein kann. Der Defekt vererbt sich vermutlich rezessiv, dies ist allerdings erst bei wenigen Rassen nachgewiesen. Eine Erkrankung kann im Alter von drei bis acht Wochen festgestellt werden.

Katarakt (Grauer Star)

Der Graue Star ist eine Trübung der Linse des Auges. Die sonst schwarze Pupille erscheint weißlich grau. Der *Graue Star* kann als Begleiterscheinung einer anderen Erkrankung oder auch durch Unfall entstehen. Unter dem Stoß eines Rinderhorns oder anderer Gewalt kann die Linse in den Glaskörper oder in die Augenkammer rutschen. Eine dislokierte Linse entsteht beim Hund jedoch meistens auf erblicher Basis (z. B. bei mehreren Terrierrassen). Die bläuliche Verfärbung der Pupille bei Hunden ab einem Alter von ungefähr sechs Jahren ist auf eine physiologische Verdichtung des Linsenkerns, die so genannte Nukleussklerose, zurückzuführen. Diese beeinträchtigt die Sehfähigkeit normalerweise nicht und ist somit nicht als Krankheit anzusehen. Ist allerdings ein junger Hund von der Erkrankung betroffen, handelt es sich wahrscheinlich um eine ererbte Form. Fast nur der erbliche Katarakt ist beim Hund von Bedeutung. Beim Australian Shepherd kann die Erkrankung im Alter von etwa 1 $\frac{1}{2}$ bis 2 Jahren festgestellt werden. Der Vererbungsmodus ist nicht bekannt.

Mikrophthalmus

Der Mikrophthalmus, eine Erkrankung, die zu verkleinerten Augäpfeln verbunden mit verschiedenen Missbildungen des Auges führt, tritt bei homozygoten Merles (siehe S. 120) auf. Ungefähr die Hälfte der betroffenen Hunde ist blind. Andere mit dieser Erkrankung verbundenen Abnormitäten können Taubheit und Herzanomalien sein. Diese Erkrankung ist schon beim Welpen erkennbar.

Progressive Retina Atrophie (PRA)

Die Progressive Retina Atrophie kommt bei vielen Hunderassen in unterschiedlichen Formen vor. Glücklicherweise scheint sie beim Australian Shepherd nur sehr selten aufzutreten. Es gibt keine Behandlung für die PRA, sie führt zur Erblindung. Erkrankt sind immer beide Augen. PRA ist erst im Alter von vier Jahren feststellbar. Bei der *generalisierten Form* ist die gesamte Netzhaut betroffen. Die Pupillen erscheinen etwas größer und reagieren langsamer. Zuerst degenerieren die Stäbchen, später die Zapfen, an der Netzhaut kommt es zur Verdünnung der großen Gefäße und eine Veränderung des Sehnervs ist zu beobachten. Die Veränderungen können rasch fortschreiten, so dass schon ein Junghund erblindet sein kann – dies hängt jedoch stark von der Rasse ab. Bei der *zentralen Form* der PRA schwindet zunächst die zentrale Sehschärfe, so dass der Hund kleine Objekte nicht klar erkennen kann, während das Weitsichtvermögen und das Sehen in der Dämmerung erst später nachlassen. Hier degenerieren zuerst die Zapfen. Die PRA wird eindeutig vererbt. Die Vererbung ist bei der *generalisierten Form* meistens (jedoch rasseunterschiedlich) von einem rezessiven Gen abhängig.

Viele Aussies verfügen über eine scheinbar unendliche Geduld. Pete von der Haetz Ranch.
Zü.: W. Bollmann
Bes.: S. Marwede

Nur mit gesunden Hüftgelenken kann der Australian Shepherd sein ganzes Temperament entfalten. Um Fehlentwicklungen zu vermeiden, darf man seinem Welpen keine langen Spaziergänge oder gar Fahrradtouren zumuten.

Bei der *zentralen Form,* die seit einigen Jahren mit „Pigmentepitheldystrophie" (PED) beschrieben wird, handelt es sich höchstwahrscheinlich um ein Ernährungsproblem, dessen Empfindlichkeit möglicherweise genetisch bedingt ist. Eine lokale Netzhautatrophie kann auch durch eine Virusinfektion ausgelöst werden. Tiere, die in der Zucht eingesetzt werden sollen, müssen auf diese Augenerkrankungen hin untersucht werden. Schon beim Kauf eines Welpen sollte man vom Züchter einen Nachweis über die Untersuchungsergebnisse verlangen.

Kryptorchismus / Monorchismus

Der Hodenabstieg beim Hund von der Bauchhöhle in den Hodensack sollte bis zur 8. Lebenswoche beendet sein. Bleiben beide Hoden in der Bauchhöhle oder in der Leistengegend zurück, spricht man von Kryptorchismus, ist nur ein Hoden in den Hodensack gewandert, von Monorchismus. Häufig ist Kryptorchismus von weiteren angeborenen Defekten wie zum Beispiel Nabelbrüchen begleitet. Monorchiden sind häufig zeugungsfähig, ihre Fruchtbarkeit aber meist herabgesetzt. Kryptorchismus ist hoch erblich, obwohl mehr als ein Genpaar an der Ausbildung des Defekts beteiligt zu sein scheint. Die Erforschung des Erbgangs ist erschwert, da auch nichterbliche Formen von Hodenverlagerungen vorkommen. Da die angeborene Entwicklungsstörung weiter vererbt werden kann, dürfen betroffene Rüden nicht in der Zucht eingesetzt und auch nicht zu Hundeausstellungen gemeldet werden.

Hüftgelenksdysplasie (HD)

Die Hüftgelenksdysplasie ist eine Missbildung der Hüftgelenke unterschiedlichen Grades. Abhängig von der Schwere der Veränderungen unterscheidet man:

frei (A)
verdächtig (B)
leicht (C)
mittel (D)
schwer (E)

Die Veränderungen betreffen die Hüftgelenkspfanne, die Teil des Beckens ist, den Oberschenkelkopf und den Oberschenkelhals. Ist die Gelenkspfanne zu flach oder unscharf durch Auflagerungen, der Oberschenkelkopf abgeflacht oder verformt oder der Schenkelhals verkürzt, stimmen die Größenverhältnisse nicht überein und es kommt durch Reibungen und Überbelastungen zu einer Arthrose und häufig auch zu einer Arthritis (Entzündung der Knochen). Wenn Pfanne und Kopf nicht richtig zusammenpassen, führt dies schließlich zur Ausrenkung des Gelenkes. Beteiligt an der Ausbildung der Hüftgelenksdysplasie sind das Band, welches Pfanne und Kopf zusammenhält, sowie eine Schwäche oder Unterentwicklung der Beckenmuskulatur. Je nach Stärke der Missbildung zeigen erkrankte Hunde, besonders nach dem Aufstehen oder nach stärkerer Beanspruchung, Bewegungsstörungen bis Lähmungen. Manche Tiere verlieren die Ausdauer beim Laufen ohne weitere Symptome zu zeigen. Das Ausmaß der Fehlbildung variiert zwischen beiden Hüftgelenken und auch in den verschiedenen Altersstufen desselben Tieres. Die Ursache der HD ist nicht eindeutig geklärt. Da eine Reihe von Krankheiten, die zu Entwicklungsstörungen und anderen Erkrankungen der Hüfte führen können, unbewusst oder aus Unkenntnis ebenfalls der HD zugeordnet werden bzw. bei der Interpretation der Röntgenbilder nicht bedacht werden, wird die Erforschung der Ursache zusätzlich erschwert. Schnelles Jugendwachstum mit entsprechender Gewichtszunahme sowie übermäßige Bewegung während der Skelettentwicklung führen zu extremer Belastung der Knochen – auch an der Hüfte. Bei frühzeitiger Erkennung bestehen durch Ruhigstellung und Gewichtsreduktion durch kalorien-, eiweiß- und vitaminärmere Nahrung ohne Mineralstoffanreicherung gute Heilungsaussichten. Besser ist es jedoch, man lässt es erst gar nicht so weit kommen. Mäßige Bewegung in den ersten 4 1/2 bis 6 Monaten und ausgewogene Ernährung sorgen für eine gesunde Skelettentwicklung.

Lange Spaziergänge, übermäßiges Treppenlaufen, frühzeitige Fahrradtouren oder ständiges Toben mit den Kindern begünstigen eine Fehlentwicklung der Knochen. Häufig ist zu beobachten, dass junge Eltern ihr Kleinkind zwar in der Karre fahren, gleichzeitig ihrem Welpen aber Gewaltmärsche zumuten. Die Hüftgelenksdysplasie ist eine Krankheit, die viel Leid, nicht nur für den betroffenen Hund, sondern für die ganze Familie bedeutet. Sie ist unheilbar. Da sich das Hüftgelenk aus verschiedenen Knochen, Muskeln und Bändern zusammensetzt, sind dementsprechend auch verschiedene Gene für die Ausbildung eines korrekten Zusammenspiels zuständig. Statistische und populationsgenetische Methoden, wie sie zum Beispiel am *Institut für Tierzucht* in Gießen durchgeführt werden, könnten, wenn sich durch ausreichende Beteiligung vieler Hundehalter genügend Daten sammeln lassen, zur Verbesserung der HD-

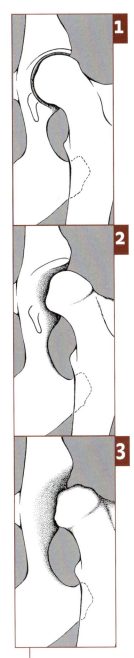

1 Normales Hüftgelenk
2 Mittlere HD
3 Schwere HD

Situation führen. Dem einzelnen Züchter bleibt bis jetzt nur die Möglichkeit der Röntgenaufnahme, die über den Zustand der Hüftgelenke seiner Hunde Auskunft gibt. Verantwortungsbewusste Züchter werden nur HD-freie Hunde miteinander verpaaren. Trotzdem besteht noch das Risiko, dass durch unglückliche Genkombination oder falsche Haltungsbedingungen gelegentlich kranke Hüftgelenke auftreten. Irgendwie erscheinen alle bisherigen Maßnahmen zur Eindämmung der HD unbefriedigend – wie ein Tropfen auf den heißen Stein.

DNA-Analyse

Große Hoffnungen, Erbkrankheiten einzudämmen, in Einzelfällen vielleicht sogar ganz zu eliminieren, werden in die DNA-Analyse gesetzt. Sie bietet die Möglichkeit, so genannte genetische Marker zu finden und auch bestimmten Chromosomen zuzuordnen. Die ermittelten Daten werden in so genannten Markerkarten zusammengefasst, wie sie schon für Mensch, Maus, Rind, Schwein und Huhn zur Verfügung stehen. Ähnlich wie beim Barcode, wie wir ihn vom täglichen Einkauf kennen, können anhand einer Blutprobe Diagnosen gestellt und Träger krankmachender Gene erkannt werden. Im Fall der Hüftgelenksdysplasie würde außerdem noch das nicht unerhebliche Narkoserisiko bei der Röntgenaufnahme entfallen. Seit 1993 wird an der Erstellung einer genetischen Markerkarte für den Hund im Projekt „DogMap" unter der Schirmherrschaft der „International Society for Animal Genetics" gearbeitet. An der internationalen Zusammenarbeit sind heute 36 Institute aus 18 Ländern beteiligt. Die entsprechende Datenbank wird am *Institut für Tierzucht der Veterinärmedizinischen Fakultät* der Universität Bern in der Schweiz verwaltet. Wie auch von vielen anderen Hunderassen bekannt, können beim Australian Shepherd Erkrankungen der Augen, der Hüft- und Ellenbogengelenke sowie die Epilepsie vorkommen.

Marburg's Glenshee „Mandy" beim Training.
Zü.: I. Pelz
Bes.: E. Winde

Zucht

Der Rassestandard

Der Zuchtstandard für den Australian Shepherd wurde vom Australian Shepherd Club of America (ASCA) im Jahr 1975 erarbeitet und trat am 15. Januar 1977 in Kraft. Der 1993 neu entwickelte Standard des American Kennel Club (AKC) wurde 1996 von der FCI übernommen. Ein Rassestandard beschreibt das Idealbild eines Hundes dieser Rasse hinsichtlich seiner äußeren Erscheinung, seiner körperlichen Merkmale und seines Wesens und trägt damit auch zur Vereinheitlichung des Rassebildes bei. Aber auch die Gesundheit wird nicht außer Acht gelassen, wenn u. a. eine korrekte Winkelung und Stellung der Gliedmaßen gefordert werden. Für den Australian Shepherd als Arbeitshund ist vor allem wichtig, dass der Körper eine korrekte, ausdauernde Bewegung ermöglicht. Der Standard ist weniger als feststehendes Gesetz, sondern eher als Leitlinie für Züchter und Richter anzusehen. Er lässt, abgesehen von zuchtausschließenden Fehlern, durchaus Spielraum für Interpretationen. Letztendlich liegt es in der Verantwortung der Züchter und Richter, wie diese Richtlinien zum Vorteil der Australian Shepherds anzuwenden sind.

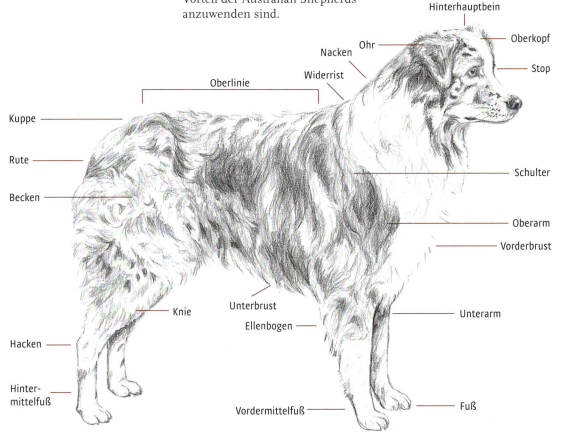

DIE STANDARDS IM VERGLEICH

Standard des ASCA
(Australian Shepherd Club of America)

Allgemeines Erscheinungsbild
Der Australian Shepherd ist ein gut ausgewogener Hund von durchschnittlicher Größe und Knochenbau. Er ist aufmerksam und lebhaft, zeigt Kraft und Ausdauer kombiniert mit außergewöhnlicher Beweglichkeit. Etwas länger als hoch hat er ein Fell von moderater Länge und Beschaffenheit mit einer Färbung, die in ihrer Vielfältigkeit jedem Exemplar seine eigene Individualität verleiht. Ein charakteristisches Erkennungsmerkmal ist sein natürlicher oder kupierter Stummelschwanz. Die beiden Geschlechter zeichnen sich durch maskuline und feminine Erscheinungsbilder klar voneinander ab.

Charakter Der Australian Shepherd ist intelligent und in erster Linie ein Arbeitshund mit ausgeprägten Hüte- und Beschützerinstinkten. Er ist ein außergewöhnlicher Begleiter. Er ist vielseitig und leicht auszubilden und erfüllt seine Aufgaben mit viel Stil und Enthusiasmus. Er ist reserviert gegenüber Fremden, aber darf sich nie scheu zeigen. Trotz seiner recht aggressiven, durchsetzungskräftigen Arbeitsweise ist Bösartigkeit gegen Menschen oder andere Tiere nicht tolerierbar.

Kopf Klar skizziert, kräftig, trocken und in Proportion zum Körper. Der Oberkopf ist flach bis leicht gerundet, seine Länge und Breite entspricht der Länge der Schnauze, welche in Balance und richtigem Verhältnis zum Rest des Kopfes stehen soll. Die Schnauze verjüngt sich leicht zu einer gerundeten Spitze. Der Stop ist moderat, zeichnet sich aber klar ab.

(A) **Gebiss** Ein vollständiges Scherengebiss mit kräftigen, weißen Zähnen. Ein Zangengebiss ist ein Fehler. Durch Unfall abgebrochene oder verlo-

Standard des AKC
(American Kennel Club)

Allgemeines Erscheinungsbild
Der Australian Shepherd ist ein intelligenter Arbeitshund mit starken Hüte- und Schutzinstinkten. Er ist ein treuer Gefährte und hat die Ausdauer, den ganzen Tag zu arbeiten. Er ist gut ausgeglichen, etwas länger als hoch, von mittlerer Größe und Knochenbau, mit einer Färbung, welche in ihrer Vielfältigkeit Individualität verleiht. Er ist aufmerksam und lebhaft, wendig und behände, sein Körper ist fest und muskulös ohne lose Haut. Er hat ein Fell von moderater Länge und Beschaffenheit. Er hat einen kupierten oder natürlichen Stummelschwanz.

Größe, Proportion, Substanz
Größe Die bevorzugte Höhe für Rüden ist 20–23 Inches und für Hündinnen 18–21 Inches. Die Qualität ist nicht zugunsten der Größe zu opfern.
Proportion Gemessen vom Brustbein zur Hinterseite des Oberschenkels und vom Widerrist zum Untergrund ist der Australian Shepherd etwas länger als hoch.
Substanz Festes Gebäude mit moderaten Knochen. Ihre Beschaffenheit bei Rüden reflektiert Maskulinität ohne Grobheit. Hündinnen erscheinen feminin ohne Schmächtigkeit.

Kopf Der Kopf ist klar skizziert, kräftig und trocken. Vor allem die Größe soll in Proportion zum Körper stehen. Die Schnauze ist in ihrer Länge gleich oder etwas kürzer als der Oberkopf. Von der Seite betrachtet bilden die Konturen des Oberkopfes und der Schnauze parallele Flächen, unterteilt durch einen moderaten, klar abgezeichneten Stopp. Die Schnauze verjüngt sich leicht von der Basis zur Nase und ist an der Spitze gerundet.

rene Zähne dürfen nicht zu einer Abwertung führen.
Disqualifikationsgründe: Vorbiss; Rückbiss > ⅛ Inch

(B) Augen Sehr ausdrucksvoll, zeigen Aufmerksamkeit und Intelligenz. Klar, mandelförmig und von moderater Größe, schräg gestellt, weder hervortretend noch eingesunken, mit dunklen, klar abgezeichneten Pupillen in perfekter Lage.
Die Farbe ist Braun, Blau, Amber oder irgendeine Variation oder Kombination einschließlich Sprenkelungen oder Marmorierungen.

(C) Ohren Hoch angesetzt, seitlich am Kopf, dreieckig und leicht gerundet an der Spitze, von moderater Größe. Wenn die Spitze des Ohres, zum inneren Augenwinkel gebracht, mit diesem abschließt, ist die Länge korrekt. Bei voller Aufmerksamkeit fallen die Ohren vorwärts und richten sich zu einem Viertel (¼) bis Einhalb (½) ihrer Länge über der Basis auf.
Stehohren und jagdhundtypische Ohren sind schwere Fehler.

Ausdruck Zeigt Aufmerksamkeit und Intelligenz, ist achtsam und eifrig darauf bedacht, etwas zu tun. Sein fester Blick soll eifrig aber freundlich sein.

Augen Die Augen sind braun, blau, amber oder irgendeine Variation oder Kombination davon, einschließlich Sprenkelungen und Marmorierungen. Die Augen sind mandelförmig, nicht hervortretend oder eingesunken. Die Blue Merles und Blacks haben schwarze Pigmentation und Augenlider. Die Red Merles und Reds haben leberfarbene (braune) Pigmentation an den Augenlidern.

Ohren Die Ohren sind dreieckig, von moderater Größe und Beschaffenheit, hoch angesetzt am Kopf, bei voller Aufmerksamkeit fallen sie vorwärts und kippen nach vorn über oder zur Seite wie ein Rosenohr. Stehohren und Hängeohren sind schwere Fehler.

Schädel Oberer Teil flach bis leicht gerundet, das Hinterhauptbein kann leicht hervortreten, Länge und Breite sind gleich. Moderater gut abgezeichneter Stop. Die Schnauze verjüngt sich leicht von der Basis zur Nase und ist an der Spitze gerundet.

Nase Blue Merles und Blacks haben schwarze Pigmentation an der Nase (und Lefzen). Red Merles und Reds haben leberfarbene (braune) Pigmentation an der Nase (und Lefzen). Bei den Merles sind kleine pinkfarbene Flecken zulässig. Sie dürfen sich jedoch nicht über mehr als 25 Prozent der Nase ausdehnen, was bei Hunden in einem Alter von über einem Jahr ein ernsthafter Fehler ist.

Gebiss Ein vollzahniges Scherengebiss mit kräftigen, weißen Zähnen oder ein Zangengebiss.
Disqualifikationsgründe: Vorbiss; Rückbiss von mehr als ⅛ Inch. Verlust des Kontakts, verursacht durch kurze mittlere Schneidezähne in einem sonst korrekten Gebiss, soll nicht als Vorbiss beurteilt werden. Durch Unfall abgebrochene oder verlorene Zähne dürfen nicht zu einer Abwertung führen.

Hals und Körper Der Hals ist fest, wohlgeformt und in Proportion zum Körper. Er ist von mittlerer Länge, mit leicht gewölbter Nackenlinie und in den Schultern gut platziert.
Der Körper ist fest und muskulös. Die Rückenlinie erscheint im natürlichen, rechtwinkligen Stand gerade. Der Brustkorb ist tief und kräftig mit gut gewölbten Rippen. Die Lende ist von oben gesehen kräftig und breit. Die Unterlinie verläuft dem hinteren Ende zu in einem moderat aufgezogenen Bauch. Die Kruppe ist moderat abfallend, idealerweise dreißig (30) Grad von der Horizontalen. Der Schwanz ist gerade, nicht länger als vier (4) Inches, natürlicher Stummelschwanz oder kupiert.

Vorhand Die Schulterblätter (Scapula) sind lang und flach, im natürlichen Stand im Bereich des Widerrists ungefähr zwei Finger breit voneinander entfernt und gut abgeschrägt in einem Winkel von ungefähr fünfundvierzig (45) Grad zum Boden. Der Oberarm (Humerus) ist in einem annähernd rechten Winkel zur Schulterlinie mit den gerade zum Untergrund stehenden Vorderbeinen verbunden. Die Entfernung vom Ellenbogen zum Widerrist ist die gleiche wie die zum Boden. Die Beine sind gerade und kraftvoll. Die Fesseln sind kurz, dick und kräftig, aber noch flexibel, sie zeigen einen leichten Winkel, wenn sie von der Seite betrachtet werden. Die Form der Füße ist oval und kompakt mit geschlossenen, gut gebogenen Zehen. Die Fußballen sind dick, elastisch und gut beweglich; die Nägel kurz und kräftig. Die Afterkrallen können entfernt sein.

Hinterhand Die Breite der Hinterhand ist annähernd gleich zur Breite der Vorderhand im Schulterbereich. Die Winkelung des Beckens und Oberschenkels (Femur) entspricht der Winkelung des Schulterblattes und Oberarms in einem annähernd rechten Winkel. Die Kniegelenke sind klar abgezeichnet, die Sprunggelenke mäßig gebeugt. Die Hintermittelfüße sind kurz, senkrecht zum Boden und parallel zueinander von hinten betrachtet. Die Füße sind oval geformt und kompakt

Hals, Oberlinie, Körper
Hals Ist kräftig, von moderater Länge, mit leicht gewölbter Nackenlinie, gut passend in den Schultern.
Oberlinie Der Rücken ist gerade und kräftig, bildet eine ebene und feste Linie vom Widerrist bis zu den Hüftgelenken. Die Kruppe ist moderat abfallend.
Brust Der Brustkorb ist nicht breit aber tief, erreicht mit dem niedrigsten Punkt den Ellenbogen. Die Rippen sind gut gewölbt und lang, weder tonnen- noch plattenförmig. Die Unterlinie zeigt einen moderat aufgezogenen Bauch.
Rute Der Schwanz ist gerade, kupiert oder natürlicher Stummelschwanz, nicht länger als vier Inches.

Vorhand
Schultern Die Schulterblätter sind lang, flach, im Bereich des Widerrists ziemlich eng gestellt und gut abgeschrägt. Der Oberarm, welcher relativ dieselbe Länge haben soll wie das Schulterblatt, ist in einem annähernd rechten Winkel zur Schulterlinie mit den gerade zum Untergrund stehenden Vorderläufen verbunden.
Läufe Sind gerade und kräftig. Der Knochen ist kräftig, eher oval als rund. Die Fessel ist von mittlerer Länge und sehr leicht geneigt. Die Afterkrallen können entfernt sein.
Füße Sind oval und kompakt mit geschlossenen, gut gebogenen Zehen. Die Fußballen sind dick und elastisch.

Hinterhand Die Breite der Hinterhand ist gleich zur Breite der Vorderhand im Schulterbereich. Die Winkelung des Beckens und Oberschenkels entspricht der Winkelung von Schulterblatt und Oberarm in einem annähernd rechten Winkel. Die Kniegelenke sind gut gewinkelt, die Sprunggelenke mäßig gebeugt. Die Hintermittelfüße sind kurz, senkrecht zum Boden und parallel zueinander von hinten betrachtet. Wolfskrallen müssen entfernt sein.

mit geschlossenen, gut gebogenen Zehen. Die Fußballen sind dick, elastisch und gut beweglich; die Nägel kurz und kräftig. Wolfskrallen sind entfernt.

Haarkleid Von mittlerer Beschaffenheit, glatt bis leicht gewellt, wetterresistent, von moderater Länge mit Unterwolle. Die Quantität der Unterwolle variiert mit dem Klima. Das Haar ist kurz und glatt am Kopf, an der Außenseite der Ohren, an der Vorderseite der Vorderbeine und unterhalb der Sprunggelenke. Die Rückseiten der Vorderbeine sind moderat befedert; die „Reithosen" sind moderat voll. Es gibt eine moderate Mähne und Halskrause, entschieden mehr bei Rüden als bei Hündinnen. Untypisches Fell ist ein schwerer Fehler.

Farben Alle Farben sind kräftig, klar und voll. Die anerkannten Farben sind Blue Merle, Red (liver) Merle, Solid Black und Solid Red (liver), alle mit oder ohne weiße Markierungen und/oder Tan (copper) Abzeichen in keiner Reihenfolge oder Bevorzugung. Die Blue Merle und Black haben schwarze Pigmentation an Nase, Lippen und Augenlidern; die Red (liver) Merle und Red (liver) haben leberfarbene Pigmentation an Nase, Lippen und Augenlidern. Butterfly nose ist nicht fehlerhaft bei einem Alter unter einem Jahr. Bei allen Farben sind die Bereiche um Ohren und Augen dominiert von anderen Farben als Weiß. Der Haaransatz eines weißen Halsbandes geht nicht über den Widerrist hinaus.
Disqualifikationsgründe:
Andere als die anerkannten Farben;
Weiße Flecken am Körper;
Dudly nose (pigmentloser Nasenschwamm).

Gangart Glatt, frei und leicht; zeigt Behändigkeit in der Bewegung mit einem gut ausgeglichenen, raumgreifenden Schritt. Vorder- und Hinterbeine bewegen sich gerade und parallel zur Mittellinie des Körpers; bei zunehmender Geschwindigkeit laufen beide Vorder- und Hinterfüße in Richtung

Füße Sind oval und kompakt mit geschlossenen, gut gebogenen Zehen. Die Fußballen sind dick und elastisch.

Haarkleid Das Haar ist von mittlerer Beschaffenheit, glatt bis gewellt, wetterresistent und von mittlerer Länge. Die Quantität der Unterwolle variiert mit den Schwankungen des Klimas. Das Haar ist kurz und glatt am Kopf, an den Ohren, an der Vorderseite der Vorderläufe und unterhalb der Sprunggelenke. Die Rückseiten der Vorderläufe und die „Hosen" sind moderat befedert. Es gibt eine moderate Mähne und Halskrause, entschieden mehr bei Rüden als bei Hündinnen. Untypisches Fell ist ein schwerer Fehler.

Farben Blue Merle, Black, Red Merle, Red – alle mit oder ohne weiße Markierungen und/oder Tan (copper) Abzeichen in keiner Reihenfolge oder Bevorzugung. Der Haaransatz eines weißen Halsbandes reicht auf der Haut nicht über den Widerrist hinaus. Weiß ist akzeptabel am Hals (teilweise oder als volles Halsband), der Brust, der Schnauze, den unteren „Hosen", einer Blesse am Kopf sowie eine Ausdehnung von der Unterpartie hinauf bis zu vier Inches gemessen von der horizontalen Linie in Höhe des Ellenbogens. Weiß am Kopf soll nicht vorherrschen und die Augen müssen völlig umgeben sein von Farbe und Pigment. Merles werden charakteristischerweise dunkler mit zunehmenden Alter.

Disqualifikationsgründe: Weiße Körperflecken, d.h. Weiß am Körper zwischen dem Widerrist und der Rute, an den Seiten zwischen den Ellenbogen und der Rückseite der Hinterhand bei allen Farben.

Gangwerk Der Australian Shepherd hat ein glattes, freies und leichtes Gangwerk. Er zeigt große Behändigkeit in der Bewegung mit einem gut ausgeglichenen, raumgreifenden Schritt. Vorder- und Hinterbeine bewegen sich gerade und parallel zur Mittellinie des Körpers. Bei zunehmender

des Schwerpunktes des Hundes zusammen, während die Oberlinie fest und gerade bleibt.

Größe Bevorzugte Schulterhöhe für Rüden ist 20 bis 23 Inches (51 bis 58,5 cm); für Hündinnen 18 bis 21 Inches (46 bis 53,5 cm), jedoch ist die Qualität nicht zugunsten der Größe zu opfern.

Andere Disqualifikationsgründe: Monorchismus und Kryptorchismus.

Geschwindigkeit laufen beide Vorder- und Hinterfüße in Richtung des Schwerpunktes des Hundes zusammen, während der Rücken fest und gerade bleibt. Der Australian Shepherd muss behände und in der Lage sein, die Richtung oder Gangart augenblicklich zu wechseln.

Temperament Der Australian Shepherd ist ein intelligenter, aktiver Hund mit ausgeglichenem Wesen. Er ist gutmütig, selten streitsüchtig. Er kann sich anfangs bei Begegnungen etwas reserviert verhalten.

Fehler: Jedes Anzeichen von Scheuheit, Angst oder Aggression ist mit Strafpunkten zu belegen.

Disqualifikationsgründe: Vorbiss, Rückbiss von mehr als 1/8 Inch. Weiße Körperflecken, d. h. Weiß am Körper zwischen Widerrist und Rute, an den Seiten zwischen Ellenbogen und der Rückseite der Hinterhand bei allen Farben.

Der Standard des *American Kennel Club* (AKC), die Publikation erfolgte im Juli 1996, wurde übernommen vom *Australian Shepherd Club of the UK* (ASCUK) sowie dem *Kennel Club* (U.K.) in England und ist seit Oktober 1996 anerkannt von der Weltorganisation *Fédération Cynologique Internationale* (FCI), der die meisten europäischen Hundevereinigungen angeschlossen sind.

Unterschiede zwischen den Standards

Der vorliegende Standard des *Australian Shepherd Club of America* (ASCA) ist anerkannt vom *Canadian Kennel Club* (CKC) und dem *United Kennel Club* (UKC).

Mit der Anerkennung als Rasse wurde für den Australian Shepherd vom *American Kennel Club* (AKC), wie dies auch bei anderen Rassen geschieht, ein eigener Standard entwickelt, der im Januar 1993 in Kraft trat. Die Unterschiede zum Standard des ASCA sind gering. Während der ASCA bemerkt, dass sich die Geschlechter klar voneinander abzeichnen und Wert auf korrekte Platzierung der Augen legt, werden diese Punkte vom AKC nicht erwähnt. Der Oberkopf wird vom ASCA „flach bis leicht gerundet" gewünscht, vom AKC mit „die Oberlinie von Hinterkopf und Schnauze bildet parallel verlaufende Flächen" beschrieben. Während ein Zangengebiss vom ASCA als Fehler angesehen wird, wird es beim AKC toleriert. Der ASCA betont mehr die Fähigkeiten des Arbeitshundes.

Die Beurteilung des Australian Shepherd

Schönheitsempfinden lässt sich mit Worten schwer erklären. Gute Proportionen, das heißt das gegenseitige Verhältnis der einzelnen Körperteile zueinander, werden bei allen Rassen gefordert, wenn auch in unterschiedlichem Maße. Der Australian Shepherd ist ein Arbeitshund. Großer Wert wird auf gute Kondition gelegt. Von übertriebener Betonung einzelner Standardpunkte, die ihm gesundheitliche Probleme bereiten könnten bzw. ihn „arbeitslos" machen (z. B. überlanges Fell oder extrem schwerer Knochenbau), ist er nicht ganz verschont geblieben. Mittlerweile sind auf Hundeausstellungen immer öfter Exemplare auf den vorderen Plätzen zu sehen, die dem Ruf des vielseitigen, ausdauernden, unermüdlichen Hütehundes nicht mehr gerecht werden können. Der Standard verlangt einen Hund, der in der Lage ist, seine Aufgaben zu erfüllen, ansonsten Mittelmaß. Um beurteilen zu können, ob ein Australian Shepherd körperlich leistungsfähig ist, bedarf es einiger Übung. Betrachtet wird der Hund im normalen Stand und in der Bewegung. Zur Beurteilung im Stand muss der Hund gleichmäßig (im Rechteck) auf allen vier Läufen stehen. Bei Unregelmäßigkeiten sind Fehler zu entdecken, die der Hund tatsächlich gar nicht hat. Wird beispielsweise ein Vorderlauf etwas vorgestellt, so erscheint durch die damit verbundene Streckung des Oberarms die Schulter steiler.

Kopf

Beginnend am Kopf sind leichte Variationen in der Struktur oder der Platzierung der Ohren oder Augen festzustellen. Jede Blutlinie hat ihre eigenen Merkmale, die akzeptiert werden, vorausgesetzt, dass sie charakteristisch für die Rasse sind. Verlangt der Standard einen „trockenen Kopf", so ist damit gemeint, dass er frei von lockerer, überflüssiger Haut und Fettpolstern sein soll. Herabhängende Lefzen sind nicht erwünscht, weil sie den Hund bei seiner Arbeit mit dem Vieh behindern könnten (Verletzungsgefahr).

Gebiss

Das korrekte, vollständige Gebiss des erwachsenen Hundes hat zweiundvierzig (42) Zähne, zwanzig im oberen und zweiundzwanzig im unteren Kiefer. Die Zähne des Oberkiefers und des Unterkiefers sollen scherenartig ineinander greifen, wobei die vorderen Oberkieferzähne eng anliegend über denen des Unterkiefers stehen. Dies ermöglicht dem Australian Shepherd, als Arbeitshund im Lauf zuzupacken und das Vieh durch Kneifen in die Fesseln vorwärts zu treiben. Vererbbare Stellungsanomalien wie Vor- oder Rückbiss, bei denen der Unterkiefer gegenüber dem Oberkiefer hervor- bzw. zurücktritt, sind daher als grobe Fehler anzusehen und führen zum Zuchtausschluss. Treffen die Schneidezähne, wie dies im Allgemei-

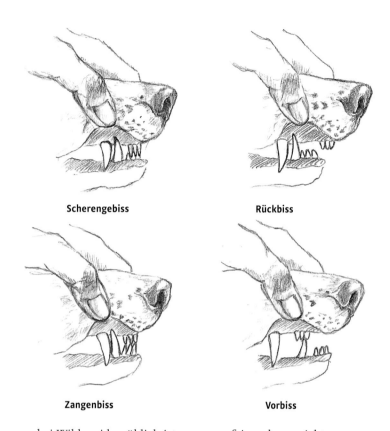

Scherengebiss Rückbiss

Zangenbiss Vorbiss

nen bei Wildcaniden üblich ist, genau aufeinander, spricht man von Zangengebiss, welches laut Standard des ASCA als Fehler zu bewerten ist, laut Standard des AKC aber toleriert wird. Das Wachstum von Ober- und Unterkiefer verläuft nicht immer gleichmäßig. Ein Welpe mit passendem Scherengebiss kann später ein Zangengebiss haben. Ein Welpe mit geringem Überbiss wird ausgewachsen gewöhnlich ein korrektes Scherengebiss aufweisen. Die Ausbildung eines guten Gebisses mit kräftigen, gut strukturierten Zähnen ist ein Anzeichen für korrekten Knochenbau. Anomalien können auf Defekte des Skeletts hinweisen.

Augen

Die korrekte Platzierung der Augen wird durch die Schädelstruktur bestimmt. Ein mäßig gebogenes Jochbein und leicht schräg gestellte Augen erlauben einen großen Blickwinkel. Dieser ist für den am Vieh arbeitenden Australian Shepherd von besonderer Wichtigkeit, da er rechtzeitig auf Hörner oder ausschlagende Hufe reagieren muss, um nicht verletzt zu werden. Die Farbe der Augen ist abhängig von der ererbten Fellfarbe und Pigmentation. Es kommt vor, dass ein Australian Shepherd zwei verschiedenfarbige Augen hat.

Dies ist kein Fehler, sondern eine Besonderheit der Rasse. Die Farbe ist Braun, Blau, Amber (bernsteinfarben) oder irgendeine Variation oder Kombination davon, einschließlich Sprenkelungen und Marmorierungen. Niemals darf eine Farbe gegenüber einer anderen bevorzugt werden. Helle Augen weisen eine geringere Pigmentation auf als dunkle. Rückschlüsse auf die Sehfähigkeit lassen sich hieraus jedoch nicht ableiten. Eingesunkene Augen sind ein Krankheitsanzeichen. Trübungen, fehlplatzierte oder nicht dunkel, klar umrissene Pupillen deuten auf eine (evtl. vererbbare) Augenerkrankung hin.

Ohren

Großen Einfluss auf das Aussehen des Kopfes haben die Ohren. Typisch für den Australian Shepherd sind sie hoch angesetzt, dreieckig und von mäßiger Größe. Die Länge ist korrekt, wenn die Spitze zum inneren Augenwinkel verbracht mit diesem abschließt. Bei Aufmerksamkeit kippen sie von einem Viertel bis zur Hälfte ihrer Länge nach vorn über. Hängende Ohren sind ein grober Fehler, da sie Gehörgangsentzündungen Vorschub leisten und das Hörvermögen beeinträchtigen können. Stehohren, ebenfalls eine Abweichung vom Standard, kommen in den verschiedensten Blutlinien gelegentlich vor. Auf die Gebrauchstüchtigkeit eines Australian Shepherd haben sie jedoch keinen Einfluss.

Hals und Körper

Diese Beurteilung ist für den Arbeitshund besonders wichtig. Der Hals muss zu den übrigen Körperteilen im richtigen Verhältnis stehen. Idealerweise entspricht seine Länge, gemessen vom Hinterhauptbein zum Widerrist, der Entfernung vom Hinterhauptbein bis zur Nasenspitze. Ein kurzer Hals hindert den Australian Shepherd in seiner Beweglichkeit und erlaubt nicht die nötige Flexibilität bei der Arbeit mit dem Vieh. Er ist nicht wendig genug, um sich vor ausschlagenden Hufen schützen zu können. Die korrekte Länge des Halses mit schön geschwungener, muskulöser Nackenlinie trägt zum Adel des Hundes bei und ermöglicht ihm die nötige Ausdauer und Balance auch bei sportlichen Aktivitäten. Die Haltung des Halses und somit auch des Kopfes wird von der Winkelung der Schulter beeinflusst. Der Rücken soll gerade, fest und muskulös sein, auf keinen Fall eingesenkt oder aufgezogen. Widerrist und Hüften sollten sich auf einer Ebene befinden. Die Rückenmuskeln unterstützen die Wirbelsäule. Außerdem übertragen sie die Bewegung der Hinterhand auf die Vorderhand und sind somit für die Vorwärtsbewegung außerordentlich wichtig. Der Rücken muss elastisch genug sein, um einen Unterschub der Hinterhand beim Galopp zu ermöglichen. Die mäßig abfallende Kruppe des Australian Shepherd unterstützt diesen Bewegungsablauf und erlaubt eine Schwerpunktverlagerung, die bei schnellen Drehungen auf der Hinterhand erforderlich ist. Alle

Die Ohrstellung ist im Standard genau festgelegt, spielt jedoch bei der Gebrauchstüchtigkeit des Hundes keine Rolle.

Verschiedene Ohrstellungen, die beim Australian Shepherd vorkommen können.

Abweichungen von einem kräftigen, festen Rücken führen zu übermäßigem Energieverbrauch. Um den für die Ausdauer beim Laufen so wichtigen Organen wie Herz und Lunge ausreichend Platz zu bieten, sollte der Brustkorb breit, lang und tief sowie leicht nach außen gewölbt sein. Die Breite der Brust wird von der Rippenwölbung bestimmt. Eine zu schmale Brust hat nicht genügend Raum und beeinträchtigt dadurch Kraft und Ausdauer. Außerdem werden durch die dann eng stehenden Ellenbogen Vorderbeine und Füße nach außen gedreht. Eine zu breite, tonnenförmige Brust drängt die Vorderläufe auseinander und die Ellenbogen werden nach außen gerichtet. Dadurch drehen sich die Läufe nach innen. Außerdem beeinträchtigt eine zu breite Brust die korrekte Tiefe, die ungefähr in Höhe der Ellenbogen liegt, und der Hund macht den Eindruck der „Hochläufigkeit".

Die Länge der Brust ist abhängig von der Länge des Brustbeins und der Rippenwölbung. Zusammengenommen ermöglichen all diese Eigenschaften dem Australian Shepherd seine ausdauernde, unermüdliche Leistungsfähigkeit. Ein weiteres Rassemerkmal ist seine angeborene oder kupierte Stummelrute von maximal 10 cm Länge. Die Züchter außerhalb Amerikas gehen jedoch mehr und

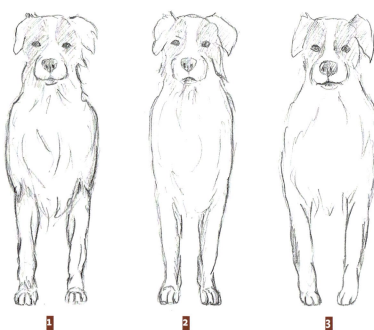

Brustkorb
1 korrekt
2 eng; Füße drehen aus.
3 weit; tonnenförmig, Schulter, Oberarm und Ellenbogen nach außen gedrängt und dadurch Läufe nach innen geneigt.

mehr dazu über, Tiere mit normal langer Rute nicht zu kupieren. In Deutschland und einigen anderen europäischen Ländern ist das Kupieren der Ohren oder Ruten verboten. Kupierte Tiere dürfen auch nicht auf Ausstellungen gezeigt werden.

Vorhand

Die Vorhand wird aus Schulterblatt, Ober- und Unterarm sowie Fuß gebildet. Sie hat die Aufgabe, den durch die Hinterhand erzeugten Schub durch weites Ausgreifen auszunutzen. Um einen möglichst kraftsparenden, ausgreifenden Trab zu erzielen, sind ein langes, schräg gelagertes Schulterblatt und ein langer Oberarm von Vorteil. Idealerweise bilden sie miteinander im natürlichen Stand einen Winkel von 90 Grad. Von der Waagerechten aus gesehen stehen also Schulterblatt sowie Oberarm je im 45-Grad-Winkel. Dieser Neigungswinkel hängt von der Länge der Dornfortsätze der Wirbelsäule und der Rundung der vier ersten Rippenbogen nahe bei der Wirbelsäule ab, da das Schulterblatt nur durch Muskeln an Brustkorb und Nacken befestigt ist. Bei größerer Winkelung wird die Schulter steil und die Schrittweite kleiner. Der für den Australian Shepherd so typische, enorm ausgreifende Trab wird durch die meistens noch engere Winkelung von weniger als 45 Grad ermöglicht. Von vorn betrachtet steht der Unterarm gerade und senkrecht unter dem Schwerpunkt der Schulter. Die Distanz vom Ellenbogen aus gesehen zum Untergrund ist dieselbe wie die zum Widerrist.

Wichtig

In Deutschland ist das Kupieren der Ohren seit 1.1.1987 und das Kupieren der Ruten seit 1.6.1998 verboten!

Die Fesseln unterstützen die Vorhand, indem sie eine Art Stoßdämpferfunktion ausüben. Unnachgiebige, gerade Fesseln führen zu frühzeitiger Ermüdung. Kompakte Füße mit gut geschlossenen Zehen verringern die Verletzungsgefahr auf steinigem Boden. Schlamm- oder Schneeklumpen können sich nicht so leicht in ihnen festsetzen. Die Vorderfüße sind ein wenig größer als die hinteren, da sie ein größeres Gewicht zu tragen haben.

Hinterhand

Die Hinterhand ist die treibende Kraft bei der Vorwärtsbewegung. Ihre Winkelung sollte der Vorhandwinkelung entsprechen. Sind die Knochen von Becken und Oberschenkel lang und bilden miteinander im natürlichen Stand einen Winkel von etwa 90 Grad, erlauben sie dem Hund, die Hinterläufe weit unter den Rumpf zu schieben. Die Muskelarbeit wird verringert und somit die Ausdauer erhöht. Kräftige Muskeln und Bänder als Unterstützung sind zur Gesunderhaltung des Hüftgelenks besonders wichtig. Die Hinterhand steht in enger Korrelation zur Vorhand. Ist die Hinterhand stark gewinkelt, kann der daraus entstehende kräftige Schub nur durch eine ebenso stark gewinkelte Vorhand in eine harmonische Bewegung, mit entsprechendem Vortritt, umgesetzt werden. Eine zu stark gewinkelte Hinterhand wird schwach und kann ihre Funktion nicht mehr richtig erfüllen. Kompakte Füße mit gut geschlossenen Zehen erlauben dem Aussie auch auf rauem Boden Ausdauer und Beweglichkeit.

**Ein Aussie nimmt jede Art von Arbeit gern an. Er hat den Wunsch, gefällig zu sein.
M & M's Gandalph
Bes.: B. Schäfer**

Gefion's Khount Down
(Propwash Ebbtide Zinfandel x Gefion's End of The Innocence)
Zü.: G. Hertzwig/K. Pittman Smith, USA
Bes.: P. Augustson, Schweden

Haarkleid

Das Stockhaar des Australian Shepherd hat in erster Linie eine nützliche Funktion und dient nicht allein der Schönheit. Es muss ihm Schutz vor Kälte und Hitze, Regen, Schnee und Gestrüpp bieten. Daher ist ein pflegeleichtes, mäßig langes Fell von mittlerer Beschaffenheit von Vorteil. Schmutz, Kletten oder Grassamen sammeln sich eher in feinem, dichtem oder wolligem Haar und sind, wie auch bei drahtigem oder extrem lockigem Haar, schwerer zu entfernen als bei korrekter Haarstruktur. Das Fell des Australian Shepherd besteht aus Deckhaar und Unterwolle. Beim Haarwechsel im Herbst wird das Deckhaar abgeworfen, im Frühjahr geht in erster Linie das Wollhaar verloren. Quantität und Dichte der Unterwolle sind klimaabhängig. Je kälter es ist, desto ausgeprägter entwickelt sie sich. Die Fähigkeit des Australian Shepherd, sein Fell abzuwerfen bzw. stärker wachsen zu lassen, ermöglicht es ihm, unter den unterschiedlichsten Klimabedingungen zu leben und zu arbeiten.

Farbe

Typisch für den Australian Shepherd ist seine Farbvielfalt. Kaum ein Exemplar gleicht dem anderen. Anerkannte Farben sind Black, Blue Merle, Red und Red Merle. Alle Farben können weiße und/oder kupferfarbene Abzeichen besitzen.

Weiße Markierungen

Sie befinden sich mehr oder weniger ausgeprägt an den Pfoten und Läufen, Brust und Hals sowie unter dem Bauch; bei Tieren mit

VERSCHIEDENE FARBSCHLÄGE

Solid Black ist ein einfarbig schwarzer Australian Shepherd. Er sollte keine zobelfarbigen Haare in der Unterwolle aufweisen.

Black Bi ist die Bezeichnung für einen schwarzen Hund mit weißen Markierungen.

Black Tri wird ein schwarzer Australian Shepherd genannt, der außer weißen Markierungen auch kupferfarbene Abzeichen aufweist.

Blue Merle ist der Name für eine besondere Zeichnung eines in der Grundfarbe schwarzen Australian Shepherd. Hier sind unregelmäßig einzelne schwarze Haare mit weißen oder silberfarbenen gemischt, so dass ein Effekt von Schimmelung, Sprenkelung oder Marmorierung entsteht. Das Erscheinungsbild ist sehr variabel. Auch die Blue Merles können weiße und/oder kupferfarbene Abzeichen aufweisen.

Die Farbbezeichnung **Red** ist etwas unglücklich gewählt, da es sich hier nicht um rote, sondern um leberfarbene, üblicherweise als braun bezeichnete Hunde handelt.

Solid Red ist die Bezeichnung für einen leberfarbenen Australian Shepherd. Der Farbton variiert von rötlichbraun über mahagoni- oder kastanienbraun bis zum tiefen leberbraun.

Red Bi wird ein leberfarbenes Tier mit weißen Markierungen genannt.

Red Tri ist der Name für einen leberfarbenen Australian Shepherd mit weißen und kupferfarbenen Abzeichen.

Red Merle ist die Bezeichnung für einen in der Grundfarbe leberfarbenen Australian Shepherd, dessen besondere Zeichnung durch eine unregelmäßige Vermischung einzelner leberfarbener Haare mit weißen oder beigefarbenen Haaren entsteht. Die Zeichnung kann recht kontrastreich oder auch gleichmäßig ausfallen, so dass der Effekt von Schimmelung, Sprenkelung oder Marmorierung entsteht. Auch die Red Merles können weiße und/oder kupferfarbene Abzeichen aufweisen.

Marburg's Blue Galaxy („Chip")
Einer der Nachkommen von Sisler's Shorty über Ch. Wildhagen's Dutchman of Flintridge CDX.

normal langer Rute auch an der Schwanzspitze. Eine weiße Blesse kann sich auch um die Schnauze herum ausdehnen, die Bereiche um Augen und Ohren sollten jedoch farbig sein. Idealerweise liegt der Haaransatz einer weißen Halskrause vor dem Widerrist. Weiße Flecken am Körper sind nicht erwünscht und führen zur Disqualifikation.

Korrekter Bewegungsablauf!
1 Vorhand
2 Hinterhand

Kupferfarbene Abzeichen

Sie variieren im Farbton von tiefrot bis cremefarben. Idealerweise erscheinen sie als „shepherd's spots" an den Augenbrauen, an den Seiten der Schnauze, an den Läufen und unter der Rute. Eine weitere Ausdehnung über Kopf und Körper ist nicht erwünscht.

Die Farbe der Haut ist der Fellfarbe angepasst. Australian Shepherds in den Farben Black und Blue Merle haben schwarz pigmentierte, in den Farben Red und Red Merle leberfarben pigmentierte Nasen, Augenlider und Lefzen. Mehr oder weniger ausgeprägte unpigmentierte Flecken auf der Nase („butterfly nose" oder „pink spots") sind bei Hunden in einem Alter unter einem Jahr nicht fehlerhaft. Vollkommen pigmentloser Nasenschwamm („dudly nose") jedoch führt ebenso zur Disqualifikation wie eine nicht anerkannte Fellfarbe.

Wenn auch eine besonders ansprechende Farbe oder Zeichnung eine angenehme Wirkung auf den Betrachter ausübt, darf sie bei der Beurteilung nicht höher bewertet werden, als die weit wichtigeren Punkte wie Leistungsfähigkeit und Gebäude. Keine der anerkannten Farben des Australian Shepherd darf einer anderen gegenüber bevorzugt werden.

Gangart

Besser noch als im Stand lässt sich das Gangwerk eines Hundes in der Bewegung beurteilen. Hier wird deutlich, ob Vor- und Hinterhand harmonisch zusammenarbeiten oder ob Fehler sichtbar werden, die unnötig viel Kraft kosten und den Hund in seiner Leistungsfähigkeit beeinträchtigen. Die wichtigste Gangart für den Australian Shepherd ist der Trab. Dies ist ein natürlicher, symmetrischer Bewegungsablauf im Zweitakt, bei dem sich Vorhand und Hinterhand jeweils diagonal zueinander gleichmäßig und beinahe gleichzeitig bewegen. Der Hinterfuß tritt zeitversetzt ein ganz klein wenig später

Ch. Shalako's Bright Spirit (Beau Geste Secret Alliance x Ch. Hidden Lane Shalako Sunspirit) Zü. & Bes.: Shelly Hollen, USA (S. 104 li. und S. 105)
Ch. Shalako's Fire On The Bayou CD (Wurfgeschwister, S. 104 re.)

auf und nimmt den Platz auf dem Boden ein, den der Vorderfuß gerade verlassen hat. Steht der Betrachter direkt vor oder hinter dem Hund, werden bei korrektem Bewegungsablauf die Beine ein „V" miteinander bilden, welches dadurch entsteht, dass die Läufe des Australian Shepherd bei zunehmender Beschleunigung in Richtung der Schwerpunktlinie unter seinem Körper zusammenlaufen („single tracking"). Ob der Hund die Vorderläufe in gerader Richtung nach vorn wirft oder aber beispielsweise paddelnde Bewegungen ausführt oder die Ellenbogen ausdreht, lässt sich gut erkennen, wenn der Hund auf den Betrachter zuläuft. Von hinten gesehen lassen sich eventuell vorhandene Fehler wie zum Beispiel schwerfälliges Seitwärts-Vorschieben infolge von Kuhhessigkeit oder drehendes Treten bei Fassbeinigkeit feststellen. Von der Seite betrachtet lassen sich Vortritt der Vorhand und Nachschub der Hinterhand beurteilen. Ein harmonischer, energiesparender Bewegungsablauf ist nur möglich, wenn Vor- und Hinterhand gut aufeinander abgestimmt zusammenarbeiten. Eine korrekte Winkelung der Schulter erlaubt dem Aussie, mit der Vorhand weit auszugreifen, eine zu schwach gewinkelte Hinterhand wird den dazu nötigen Schub jedoch nicht liefern können. Auch kann eine gut gewinkelte Hinterhand dem Hund nur wenig nützlich sein, wenn eine steile Schulterlage zu kurzen Schritten zwingt. Er wird die Hinterfüße seitlich aufsetzen, also etwas schräg laufen oder außen an den Vorderfüßen vorbeiführen, wie dies auch oft bei zu kurzem Rücken geschieht. Der Rücken soll sich in gerader Linie fortbewegen, ohne einen Bogen nach oben zu bilden oder weit nach unten durchzuwippen. Der Australian Shepherd muss in der Lage sein, seine Herde über weite Strecken zu begleiten und die Fähigkeit besitzen, aus dem Stand auf Höchstgeschwindigkeit zu beschleunigen. Nur ein korrekt gebauter Australian Shepherd kann seinen Aufgaben als Hütehund gerecht werden.

GRÖSSE

Sie ist eher von untergeordneter Bedeutung, sofern sie sich im geforderten Rahmen bewegt. Kein Hund darf einem anderen gegenüber aufgrund seiner Größe bevorzugt werden.
Rüden: 51–58,5 cm
Hündinnen: 46–53,5 cm

FCI-Weltsiegerin 2003 Caitland's Spirit of Hamlet BH (Blue Isle To Hold A Dream x Caitlans's Spirit of The Wild) Zü.: Markowski/Spence, Bes.: C.& D. Bosselmann

Ausstellungen

Bei uns in Deutschland besteht die Möglichkeit, den Australian Shepherd bei den Conformation Shows des ASCD *(Australian Shepherd Club Deutschland e.V.)* kennen zu lernen. Die Ausstellung wird „auf der grünen Wiese" abgehalten; es wird nach den Regeln des *Australian Shepherd Club of America Inc.* gerichtet. Erfahrene Richter aus den USA werden eingeladen, um die Hunde nach dem Standard des ASCA zu beurteilen. Zugelassen sind Australian Shepherds, die beim ASCA registriert sind. Züchter und Liebhaber der Rasse haben so die Gelegenheit, Erfahrungen auszutauschen, die Tiere untereinander zu vergleichen und ihren Blick für korrekten Körperbau und korrektes Gangwerk zu schulen.

Internationale Rassehunde-Zuchtschauen

Internationale Rassehunde-Zuchtschauen des VDH *(Verband für das deutsche Hundewesen e.V.)*, die von der FCI *(Fédération Cynologique Internationale)* genehmigt und geschützt sind, werden in großen Hallen abgehalten. Gerichtet wird nach dem Reglement der FCI. Die Australian Shepherds werden nach dem FCI-Standard Nr. 342, dem der offizielle Standard des AKC *(American Kennel Club)* zugrunde liegt, von Allgemeinrichtern beurteilt. Zugelassen sind nur Rassehunde, die in ein vom VDH anerkanntes Rassezuchtbuch bzw. Register eingetragen sind. Sollte in Deutschland ein Australian Shepherd Zuchtverein als Mitglied im VDH aufgenommen werden, ist davon auszugehen, dass auch Spezialrichter des AKC die Hunde beurteilen werden.

Da Jungtiere nicht mit ausgewachsenen Tieren konkurrieren können, wurden für alle Hundeausstellungen verschiedene Altersklassen eingerichtet. Auch werden Rüden und Hündinnen getrennt bewertet. Wünschenswert beim Besuch einer Ausstellung ist eine detaillierte, schriftliche Bewertung des Hundes. Auch wäre es eine Bereicherung, wenn Aussteller und Publikum vom Richter erklärt bekämen, weshalb und warum er die Hunde in dieser Reihenfolge platziert hat. So kann auch der Neuling eine Menge lernen.

Vorbereitung auf eine Ausstellung

Wer selbst einmal mit seinem Hund eine Ausstellung besuchen möchte, sollte sich vorher mit seinem Züchter in Verbindung setzen. Er kann sicherlich nützliche Tipps für die Vorbereitung auf die Show und die Vorstellung im Ring geben.

Das Ringtraining, einschließlich Stillstehen und korrekt an der Leine laufen, muss schon einige Zeit vor der ersten Ausstellung beginnen. Selbstverständlich wird der Aussie nur mit gebürstetem, sauberen Fell sowie sauberen Ohren und Zähnen vorgestellt. Schneiden, Pudern oder sonstige Manipulationen sind nicht erwünscht.

Während früher ein und derselbe Hund bei der Arbeit, im Showring und bei Gehorsamsprüfungen zu finden war, haben sich heute viele Aussie-Halter spezialisiert. Sein Erscheinungsbild ist einheitlicher geworden. Langjährige amerikanische Zuchtrichter, gleichzeitig Züchter der Rasse, bemängeln jedoch physische und psychische Veränderungen, wie u.a. Australian Shepherds mit riesigen Köpfen und untypischem Körperbau, der sie eher einem Berner Sennenhund oder gar Bernhardiner ähneln lässt als einem flinken, unermüdlichen Hütehund. Die traditionellen, originalen Aussies, für die ursprünglich der Standard geschrieben wurde, werden seit einigen Jahren immer weniger. Auf Zuchtschauen werden bereits mit allen Mitteln der Frisierkunst gestylte Australian Shepherds vorgeführt und Zuchtrichter vergessen manchmal den Standard, wo es um moderaten Knochenbau, Kippohren, welche zeitweise als Rosenohren getragen werden, oder ein Fell von moderater Länge und Beschaffenheit geht. Über das Wesen eines Australian Shepherd sagt eine Hundeausstellung nur wenig aus. Territorialverhalten, Schutzinstinkt und Reserviertheit gegenüber Fremden sind im Ausstellungsring nicht gefragt. Als Arbeitshund muss der Aussie aber diese Eigenschaften haben; sie sind ebenso wichtig wie physische Gesundheit.

Auf der Welthundeausstellung in Dortmund 2003 konkurrierten mehr als 20.000 Hunde um den Titel FCI-Weltsieger. Der Australian Shepherd Rüde Propwash Syzygy (Eloradanan Propwash Zig Zag Zoom x Propwash Flying Colours) wurde FCI-Weltsieger 2003 und errang zudem noch den Titel Best in Show. Zü. & Bes.: Leslie B. Frank. Eine kleine Sensation für eine erst jüngst anerkannte Hunderasse.

Vererbung

Die Vererbung ist verantwortlich für die Gestalt und Charakter eines jeden Individuums. Jedes Lebewesen dieser Erde erhielt seine körperliche Form durch die Erbanlagen seiner Eltern. Und so eigenartig es auch klingen mag, von der Erbse bis zum Menschen ist die Art und Weise, wie dies geschieht, immer gleich. Auch das Wesen und Verhalten höher gestellter Individuen wird durch ererbte Instinkte und Triebe gelenkt. Und auch die Intelligenz, die man am besten mit geistiger Anpassungsfähigkeit auf wechselnde Situationen beschreiben kann, wird vererbt, wenngleich der Vererbungsmodus sehr komplex ist und Umwelteinflüsse eine große Rolle spielen. Intelligenz lässt sich durch Training fördern. Relativ einfach erscheint dagegen die Vererbung der Fellfarben. Obwohl die Farbe für die Qualität eines Hundes eine absolut untergeordnete Rolle spielt, übt sie doch eine gewisse Faszination auf Züchter und Liebhaber aus. Ein Rassemerkmal des Australian Shepherd ist seine Farbvielfalt und daher von besonderem Interesse. Wer sich schon einmal intensiver mit der Genetik befasst hat, wird wissen, dass es sich hier um ungeheuer komplizierte, noch nicht vollständig erforschte chemisch-biologische Prozesse handelt. Fachausdrücke sind bei dieser komplexen Materie unumgänglich. Zum besseren Verständnis hier einige Grundbegriffe der Genetik.

Ebbtide Snug As A Bug (Propwash Phantom of The Sky x Ch. Ellenglaze Calamity Bell) Bes.: P. Augustson, Schweden

Auch das Verhalten wird durch ererbte Instinkte gelenkt.

Chromosomen

Die Träger der genetischen Information, Chromosomen genannt, befinden sich im Zellkern. Dies sind dunkel färbbare, fadenähnliche Strukturen, die nur bei der Zellteilung und auch dann nur unter sehr leistungsfähigen Mikroskopen mit starker Vergrößerung sichtbar werden. Sie bestehen aus Desoxyribonukleinsäure (DNS, engl. DNA) und sind von Eiweißmolekülen, den so genannten Histonen, umgeben. Jedes Gen (siehe S. 110) hat seinen unveränderlichen Platz auf einem ihm zugehörigen Chromosom. Die Anzahl der Chromosomen ist für jede Spezies charakteristisch (siehe Kasten).

Je mehr ein Zellkern von ihnen aufweist, desto kleiner sind sie. Die Chromosomen eines Paares sind in Form und Größe identisch (homolog). Bei der Bildung von Geschlechtszellen (Meiose) trennen sich die Chromosomenpaare, so dass die Keimzellen, also jede Samen- und Eizelle, nur den einfachen Chromosomensatz enthalten. Dabei tauschen die homologen Chromosomen häufig Gruppen von Genen untereinander aus, sodass eine beliebige Umschichtung der ursprünglich väterlichen und mütterlichen Chromosomen erfolgt. Vereinigt sich bei der Befruchtung eine Ei- mit einer Samenzelle, ist wieder der doppelte Satz vorhanden. Auf diese Weise erhalten Nachkommen von ihren Eltern je einen Chromosomensatz. Das heißt, dass jeder Elternteil gleich viel von seinen Erbanlagen an seine Nachkommen weitergibt.

Einen Sonderfall bilden die Geschlechtschromosomen. Es gibt X-Chromosomen und Y-Chromosomen. Weibliche Keimzellen besitzen jeweils ein X-Chromosom, männliche dagegen entweder ein X- oder ein Y-Chromosom, abhängig davon, ob der vorhandene einfache

CHROMOSOMENANZAHL VERSCHIEDENER TIERARTEN

Art	Chromosomenpaare
Füchse	17
Katzen	19
Mäuse	20
Kaninchen	22
Schimpansen	24
Rinder	30
Meerschweinchen	32
Pferde	33
Goldschakale	37
Wölfe und Hunde	**39**
Nashörner	42
Karpfen	52
Menschen	23

Auch Maiskolben lassen sich prima apportieren und schmecken zudem noch sehr gut.

Chromosomensatz von der Mutter oder dem Vater stammt. Werden zwei X-Chromosomen miteinander kombiniert (XX), ist das sich entwickelnde Individuum weiblichen Geschlechts. Werden ein X- und ein Y-Chromosom miteinander kombiniert (XY), entsteht ein männliches Säugetier.

Fachbegriffe der Vererbung

Ein **Gen** ist ein Abschnitt auf dem Chromosom, der bestimmte Strukturen, Merkmale oder Funktionen codiert. Es stellt die kleinste Funktionseinheit im Erbgut dar.

Als **Allele** bezeichnet man durch Mutation entstandene, verschiedene Zustände desselben Gens, welche die gleichen Entwicklungsprozesse, wenn auch auf verschiedene Weisen, beeinflussen.

Homozygot ist ein Lebewesen, welches ein Gen für eine bestimmte Erbanlage doppelt, d.h. auf beiden der paarweise angeordneten Chromosomen, besitzt und daher nur eine Art von Keimzellen produziert.

Heterozygot ist ein Lebewesen, welches zwei verschiedene Allele desselben Gens für eine Erbanlage besitzt und daher zwei Arten von Keimzellen produziert.

Eine sprunghaft auftretende Merkmalsänderung, die sich weitervererbt, bezeichnet man als **Mutation**. Es gibt verschiedene Typen solcher Veränderungen. Eine *Genommutation* tritt auf, wenn sich die Zahl der Chromosomen verringert oder erhöht. Dabei bleiben die einzelnen Chromosomen und die darauf befindlichen Gene unverändert. Sie führt meist schon beim Embryo zum Tod oder hinterlässt schwere körperliche und geistige Schäden (z. B. Down-Syndrom beim Menschen). Demgegenüber zeigen Kulturpflanzen, wie Kartoffeln, Hafer oder Weizen, eine Verdoppelung oder Vervielfachung der Chromosomensätze, ohne Schaden zu nehmen. Eine *Chromosomenmutation* entsteht durch die Veränderung der Struktur der Chromosomen. So kann z. B. ein abgebrochenes Bruchstück verloren gehen oder sich falsch anlagern. Gelegentlich kommt es vor, dass sich vor der ersten Reifungsteilung homologe Chromosomen übereinander legen, an der Kreuzungsstelle abbrechen und sich diese Bruchstücke mit dem jeweils anderen Chromosom wieder verbinden. *Genmutationen* entstehen durch biochemische Veränderungen der DNA. Diese Veränderungen an sehr kleinen, nicht sichtbar zu machenden Abschnitten können sich im Phänotypus jedoch sehr deutlich zeigen. Da meist nur ein Gen eines Chromosomenpaares mutiert, tritt, falls der Wildtypus dominant ist, das mutierte Gen erst später in einem reinerbigen Lebewesen in Erscheinung. Mutationen lassen sich auch durch Chemikalien oder Röntgenstrahlen, am stärksten aber durch UV-Bestrahlung provozieren.

Als **Genotyp** bezeichnet man den gesamten Erbanlagenbestand eines Individuums, der **Phänotyp** ist das Erscheinungsbild eines

Lebewesens, als Ergebnis des Zusammenwirkens von Genotyp und Umwelteinflüssen.

Vererbung der Fellfarben

Die Fellfarbe der Säugetiere bestimmt das Hautpigment Melanin. Es kommt in zwei verschiedenen Formen vor: **Eumelanin** erzeugt eine schwarze oder braune, **Phaeomelanin** führt zu roter oder gelber Fellfarbe. Durch veränderliche Menge, Form sowie Anordnung der beiden Pigmentarten kann durch genetische Steuerung das farbliche Aussehen der Haare stark verändert werden. Die Pigmentkörnchen werden in besonderen, darauf spezialisierten Zellen, den Melanozyten, erzeugt. Diese lagern sich den Haarbulben im Haarbalgtrichter an und werden in den Phasen des Haarwachstums aktiv. Für Fellfarben, Muster und Merkmale gibt es bestimmte Fachausdrücke, die (meistens) unmissverständlich aussagen, was gemeint ist. Sie haben von den Wissenschaftlern international gebräuchliche Buchstabenkürzel erhalten. Dazu gehört auch die Schreibweise der Gene. Großbuchstaben stehen für dominante Gene, rezessive Gene werden stets klein geschrieben. In der Farbenzucht spielt auch das Phänomen der Wechselwirkung der Gene und der Epistasie eine große Rolle. Die Epistasie ist der Dominanz ähnlich, nur dass sie die Beziehung nicht alleler Gene untereinander betrifft. Das Gegenteil von epistatisch ist hypostatisch.

> **DEFINITIONEN**
>
> **Dominant** = ein Allel eines Allelpaares, dessen Wirkung bei Ausschluss der Wirkung des anderen Allels zur Geltung kommt und daher den Phänotyp bestimmt. Tiere, die ein dominantes Gen heterozygot besitzen, sind von Tieren, die diese Anlage homozygot besitzen, in ihrem Erscheinungsbild nicht zu unterscheiden. Dies ist nur durch Testpaarungen möglich.
>
> **Rezessiv** = ein Gen oder Merkmal, das bei Anwesenheit seines dominanten Allels nicht wirksam werden kann. Der rezessive Faktor kann unerkannt von den heterozygoten (mischerbigen) Tieren über Generationen weitergegeben werden, bis ein Nachkomme auf einen entsprechenden rein- oder mischerbigen Partner trifft, der das „verborgene" Merkmal ebenfalls trägt.
>
> **Epistasie** = ein Gen, das sich trotz der Anwesenheit anderer nicht alleler Gene durchsetzt, die andere oder gegensätzliche Eigenschaften bewirken.
>
> **Hypostasie** = ein Gen, dessen Wirkung bei vorhandenen anderen nicht allelen Genen mit unterschiedlicher Wirkung unterdrückt wird.

Vererbungsgesetze

Entdecker der grundlegenden Vererbungsgesetze, die auch nach ihm benannt wurden, war Gregor Mendel.

Gregor Mendel (1822–1884) war in Brünn Augustinerprior und Lehrer für Naturgeschichte und Physik. Seine Ergebnisse über die mit Erbsen und Bohnen durchgeführten Kreuzungsversuche und die bei den Vererbungsvorgängen entdeckten Gesetzmäßigkeiten bilden die Grundlage für die Vererbungslehre und gelten im Prinzip für alle Vererbungsvorgänge. Erst um 1900 wurde die Tragweite der *Mendel'schen Gesetze* erkannt, die seitdem für Mensch, Tier und Pflanze gleichermaßen anerkannt sind.

Uniformitätsregel

Bei der Kreuzung zweier reinrassiger Individuen sind die F_1-Nachkommen unter sich gleich (F_1 = Filial- = Tochtergeneration). Diese Nachkommen nehmen entweder eine Mittelstellung zwischen ihren Eltern ein (intermediäre Vererbung) oder sie zeigen nur das Merkmal des einen Elternteils (dominanter Erbgang). Dabei tritt das Merkmal des anderen Elternteils nicht in Erscheinung. Es ist rezessiv vorhanden.

Spaltungsregel

Werden die F_1-Individuen untereinander gekreuzt, sind die Nachkommen der F_2-Generation unter sich nicht gleich. Beim intermediären Erbgang spalten die Nachkommen im Verhältnis 1 : 2 : 1 untereinander auf. Das heißt, je ¼ der Nachkommen gleichen einem Teil der Großeltern und ½ ähneln den Eltern. Bei dominanter Vererbung zeigen ¾ der Nachkommen in der F_2-Generation das dominante und ¼ das rezessive Merkmal.

Regel von der Neukombination der Gene

Kreuzt man Rassen, die sich in mehreren Merkmalen unterscheiden, so treten in der Nachkommenschaft neue Merkmalskombinationen auf, da jedes Merkmal nach dem ersten und zweiten Mendel'schen Gesetz vererbt wird.

Je mehr Genpaare an einer Kreuzung beteiligt sind, desto komplizierter werden die Kombinationen und Austauschmöglichkeiten; ebenso kompliziert werden dann auch die mathematischen Berechnungen.

Sind bei einem Erbgang drei voneinander unabhängige Genpaare beteiligt, entstehen in der F_2 Generation acht verschiedene Erscheinungsbilder im Verhältnis 27 : 9 : 9 : 9 : 3 : 3 : 3 : 1.

Beispiel für dominanten Erbgang
Die Verpaarung eines reinerbigen schwarzen Australian Shepherd (BB) mit einem leberfarbenen Partner, der sein rezessives Allel (bb) reinerbig besitzt. Die F1-Generation erscheint phänotypisch schwarz. Bei Kreuzung der F1-Individuen untereinander zeigen $3/4$ der Nachkommen das dominante und $1/4$ das rezessive Merkmal.

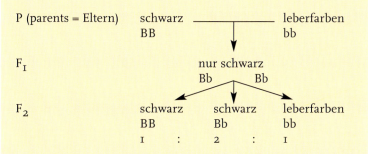

Werden Tiere mit mehreren Merkmalspaaren gekreuzt, ergeben sich in den folgenden Generationen neue Merkmalskombinationen mit bestimmten Häufigkeiten.
Zum Beispiel:

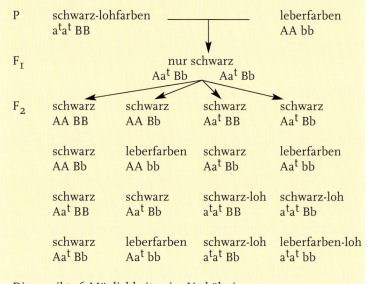

Dies ergibt 16 Möglichkeiten im Verhältnis 9 : 3 : 3 : 1.

Der Australian Shepherd – ein bunter Hund.

Die Verhältnisse, die in der praktischen Zucht tatsächlich zutage treten, stimmen nicht immer mit den errechneten überein, da man nur eine kleine Zahl von Jungtieren aufgezogen hat. Die Theorie gründet sich auf die Annahme, dass die Befruchtung zufällig erfolgt. Das heißt, das jede Samenzelle die gleiche Chance hat, jede beliebige Eizelle zu befruchten. Die Statistik aber zeigt, dass bei einer größeren Anzahl Nachkommen eine erhebliche Annäherung an die errechneten Werte zu erwarten ist. Statistische und populationsgenetische Methoden der Erblichkeitserfassung stellen eine Weiterentwicklung der Mendel'schen Gesetze dar. Sie sind nur als Ergänzung zur Mendel-Vererbung aufzufassen und müssen Anwendung finden, wenn der Erbgang einzelner Erbanlagen unter den Nachkommen nicht mehr verfolgt werden kann, weil es sich um Eigenschaften handelt, welche durch eine Vielzahl von Genen bedingt werden und durch Umwelteinflüsse einer zusätzlichen Modifikation unterliegen.

ALLGEMEINE REGELN DER FARBVERERBUNG BEIM HUND

Für die Farbvererbung sind vier allele Serien (A,C,E,S) und sechs einzelne Genpaare (B,D,G,M,P,T) verantwortlich.

1. A-Serie („aguti")

Die Allele dieser Serie regeln die Verteilung von dunklem und hellem Haar.

A =	schwarz
ay =	zobel (durchmischt mit einzelnen schwarzen Haaren), erscheint im Extremfall lohfarben.
at =	schwarz-lohfarben
aw =	wildfarben (aguti); verursacht das gebänderte Haar der Wildcaniden.

Standard Aussie: Der reinrassige Australian Shepherd ohne kupferfarbene Abzeichen besitzt die Gene AA oder Aa^t, ein Aussie mit den typischen „shepherd's spots" die Gene $a^t a^t$.

2. B-Paar („brown") Die rezessiven Allele dieses Genpaares bewirken eine Klümpchenbildung der Pigmentkörner, so dass Brauntöne entstehen.	B = b =	schwarz schokoladen- oder leberbraun	*Standard Aussie: Australian Shepherds mit den Genen BB oder Bb haben eine schwarze Grundfarbe und eine schwarze Nase; mit den Genen bb sind sie leberfarben, einschließlich der Nase und helleren Augen.*
3. C-Serie („chinchilla") Ergibt die Übergänge von voller Pigmentierung bis Albinismus.	C = c^{ch} = c^e = c =	volles Pigment creme bis weiß bzw. wird Wildfarbe zu „Chinchilla" durch Reduzierung des roten Pigments. Schwarzes Pigment wird kaum beeinflusst. Kann evtl. zu einer Aufhellung der Augen führen. weitere Bleichung völliger Albinismus	*Standard Aussie: Beim Australian Shepherd kommt das dominante C, sowie auch sein Allel c^{ch} vor, welches zusammen mit Modifikatoren die Intensität der Rottöne der kupferfarbenen Abzeichen bestimmt.*
4. D-Paar („dilution") Bewirkt Blauverdünnung	D = d =	schwarz blau („Malteser Blau") mit schieferfarbener Nase und rauchgrauen Augen.	*Standard Aussie: Alle rein gezüchteten Australian Shepherds sollten DD sein.*

5. E-Serie („extension") Ausdehnungs-Serie, die bestimmte schwarze und rote Fellpartien bewirkt. Es besteht eine komplizierte Wechselbeziehung mit der A-Serie.	E^m = schwarze Maske E = schwarz e^{br} = gestromt (brindle) e = rot bzw. gelb, kein dunkles Pigment kann gebildet werden.	*Standard Aussie: Alle rein gezüchteten Australian Shepherds sollten EE sein.*
6. G-Paar („grey") Bewirkt Vergrauung; Welpen werden schwarz geboren.	G = Ergrauung g = keine Ergrauung	*Standard Aussie: Australian Shepherds besitzen die rezessiven Gene gg.*
7. M-Paar („merle") Erzeugt heterozygot eine unregelmäßig verteilte Verdünnung der Grundfarbe. Die Dominanz ist unvollständig.	MM = übermäßige Verdünnung der Grundfarbe, welche zu weißen oder beinahe vollständig weißen Individuen führt, die durch verschiedenartige Wirkungen des Genes M (Pleiotropie) mit verschiedenen Abnormitäten einschließlich Taubheit und Blindheit behaftet sein können. Mm = Merle-Zeichnung mm = keine Merle-Zeichnung	*Standard Aussie: Australian Shepherds mit oder ohne Merle-Zeichnung entsprechen dem Rassestandard. Homozygote Merles (MM) werden nicht akzeptiert.*

8. P-Paar („pale") Verursacht in rezessivem Zustand eine Aufhellung des dunklen Fells ohne rotes bzw. gelbes Haar zu beeinflussen.	P = p =	keine Aufhellung schwarz wird zu lilac (fahles Blau) bzw. schokoladen- oder leberbraun zu beige (fahles Gelb)	*Standard Aussie: Alle reinrassigen Australian Shepherds sollten die dominanten Gene PP besitzen.*
9. S-Serie („self color") Erzeugt eine zunehmende weiße Fleckenbildung bis zum Weiß oder fast Weiß. Die Dominanz ist unvollständig.	S = s^i = s^p = s^w =	einfarbiges Fell (evtl. kleine weiße Flecken an Brust oder Füßen) weiße Abzeichen können an Läufen, Brust, Unterpartie und Hals, sowie an Schnauze und Stirn vorkommen. buntscheckig; fortschreitende Depigmentierung über s^i hinaus bis 85% der Körperfläche. extreme Weißfleckigkeit; Pigmentierung verliert sich zuletzt an Ohren, Augen und an der Schwanzwurzel.	*Standard Aussie: Laut Rassestandard hat der Australian Shepherd die Gene SS, Ss^i oder $s^i s^i$. Auch kommt das Allel s^p vor, wird aber nicht akzeptiert, da es phänotypisch mit der weißen Zeichnung homozygoter Merles verwechselt werden kann.*
10. T-Paar („ticking") Bewirkt in den weißen Flächen Farbtupfen (Sprenkelung) oder farbige Haare, die mit weißen vermischt sind (Stichelung).	T = t =	Sprenkelung oder Stichelung in weißen Abzeichen keine Sprenkelung oder Stichelung, die weißen Abzeichen sind klar	*Standard Aussie: Wird im Rassestandard nicht erwähnt. Es ist daher anzunehmen, dass die Australian Shepherds die rezessiven Gene tt besitzen.*

Die Farben und Zeichnungen des Aussie

Die Vielfalt der Zeichnung und Farbgebung ist eines der Rassekennzeichen des Australian Shepherds. Daher dürfte es für jeden Liebhaber und Züchter von besonderem Interesse sein, durch welche Kombination der Farbgene diese Farbvielfalt entsteht.

Farbbezeichnung	Erscheinungsbild	Erbformel
Solid Black	einfarbig schwarz	A. B. mm SS
Black (Copper Trim)	schwarz mit kupferfarbenen Abzeichen	$a^t a^t$ B. mm SS
Black Bi	schwarz mit weißen Abzeichen	A. B. mm $s^i s^i$
Black Tri	schwarz mit weißen und kupferfarbenen Abzeichen	atat B. mm $s^i s^i$
Blue Merle	unregelmäßig schwarze Haare mit weißen oder silberfarbenen gemischt; variables Erscheinungsbild	A. B. Mm SS
Blue Merle (Copper Trim)	Blue Merle mit kupferfarbenen Abzeichen	atat B. Mm SS
Blue Merle (White Trim)	Blue Merle mit weißen Abzeichen	A. B. Mm $s^i s^i$
Blue Merle (White and Copper Trim)	Blue Merle mit weißen und kupferfarbenen Abzeichen	$a^t a^t$ B. Mm $s^i s^i$
Solid Red	einfarbig leberfarben	A. bb mm SS
Red (Copper Trim)	leberfarben mit kupferfarbenen Abzeichen	$a^t a^t$ bb mm SS
Red Bi	leberfarben mit weißen Abzeichen	A. bb mm $s^i s^i$
Red Tri	leberfarben mit weißen und kupferfarbenen Abzeichen	$a^t a^t$ bb mm $s^i s^i$
Red Merle	unregelmäßig leberfarbene Haare mit weißen oder beigefarbenen Haaren gemischt; variables Erscheinungsbild	A. bb Mm SS
Red Merle (Copper Trim)	Red Merle mit kupferfarbenen Abzeichen	$a^t a^t$ bb Mm SS
Red Merle (White Trim)	Red Merle mit weißen Abzeichen	A. bb Mm $s^i s^i$
Red Merle (White and Copper Trim)	Red Merle mit weißen und kupferfarbenen Abzeichen	$a^t a^t$ bb Mm $s^i s^i$

(Anm.: Die Punkte anstelle eines Buchstabens bedeuten, dass an dieser Stelle ein beliebiges Allel des Paares bzw. der Serie stehen kann, ohne den Phänotyp zu beeinflussen.)

Zusammenfassung

1. Australian Shepherds, die keine kupferfarbenen Abzeichen aufweisen, können jedoch Träger des rezessiven a^t sein. Unter Mitwirkung von rezessiven Genen aus der C-Serie und Modifikatoren erscheinen die Abzeichen der $a^t a^t$ mit einer variablen Aufhellung.
2. Schwarze Tiere oder Blue Merles können auch Träger des rezessiven b sein. Solche Aussies bezeichnet man als „red factored".
3. Die Merle-Zeichnung erscheint bei heterozygoten Hunden mit der Kombination Mm. Bei mm wird die Farbe durch den übrigen Genkomplex bestimmt.
4. Ein Australian Shepherd mit weißen Abzeichen kann auch heterozygot Ss^i sein, die Merkmale sind dann weniger stark ausgeprägt. Auch kommt das Gen s^p vor. Es ist jedoch unerwünscht und führt zum Zuchtausschluss.

Um die Erbformeln zu vervollständigen, sei schließlich noch erwähnt, dass alle reingezüchteten Australian Shepherds die Gene DD, EE, gg, PP, tt sowie C bzw. c^{ch} besitzen.

Die Farbenvielfalt des Aussies.
Hier: Blue Merle (White and Copper Trim), Black Tri und Red Tri.

Merle ist eigentlich keine eigene Farbe, sondern eine besondere Form der Zeichnung.

Die Merle-Zeichnung

Die Farbe Merle, die u. a. auch bei Doggen, Dachshunden und Dalmatinern, besonders aber bei den verschiedenen Schäfer- und Hütehundrassen und auch anderen Haustieren, wie beispielsweise Pferden, Kaninchen und Meerschweinchen vorkommt, ist eigentlich keine Farbe, sondern eine besondere Form der Zeichnung. Das Grundpigment Schwarz oder Braun wird bei heterozygotem Vorhandensein des unvollständig dominanten Gens M unregelmäßig verdünnt, so dass der Effekt von Schimmelung, Sprenkelung oder Marmorierung entsteht. Tiere mit der Genkombination mm weisen die durch den übrigen Genkomplex bestimmten Farben auf. Hunde mit der homozygoten Form MM erscheinen im Allgemeinen überwiegend weiß und leiden u. a. oft unter Defekten der Sinnesorgane, die Blindheit und Taubheit hervorrufen können.

Verpaarung Merle x Merle bzw. Merle x Grundfarben

Werden zwei Australian Shepherds mit Merle-Zeichnung miteinander verpaart, kann man davon auszugehen, dass 25 Prozent ihres Nachwuchses in der reinerbigen Form MM geboren werden und wegen der auftretenden Defekte eingeschläfert werden müssen. Weitere 25 Prozent des Wurfes mm werden ihre normale Fellfarbe ohne Verdünnungen aufweisen, während (rechnerisch gesehen) 50 Prozent die Merle-Zeichnung Mm erhalten.

Zwei merlefarbene Australian Shepherds dürfen nicht miteinander verpaart werden...

Da bei der Verpaarung eines merlefarbenen Australian Shepherd mit einem Partner in der Grundfarbe ebenfalls zur Hälfte Welpen mit Merle-Zeichnung fallen werden und die andere Hälfte des Wurfes in der normalen Farbe und gesund geboren wird, gibt es keinen

Grund für Liebhaber dieser besonderen Zeichnung eine Verpaarung Merle x Merle vorzunehmen.

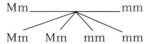

Es gab schon viele Diskussionen um die Merle-Zeichnung. Festzustehen scheint, dass das Gen M im homozygoten Zustand nicht nur einfach eine unregelmäßige Reduktion der Grundfarbe bewirkt, sondern auch im Frühstadium der Entwicklung des Embryos, in dem sich Gewebe entwickeln, aus denen später Gehirn, Haut und Außenhautgewebe entstehen, eine Einwirkung auf die Ausbildung der Pigmentschicht ausübt. Die Pigmentschicht ist Teil von Hirngewebe. Vermutet wird ein Defekt der Melanozyten. Es ist nicht bekannt, ob vielleicht ein weiteres Gen, welches sich auf demselben Chromosom wie das Gen M befindet und somit gekoppelt vererbt wird, die Defekte verursacht. Untersuchungen, die zur Zeit in der *Chirurgischen Veterinärklinik im Institut für veterinärmedizinische Genetik der Universität Gießen* durchgeführt werden, sollen zur Klärung beitragen, ob eventuell auch heterozygote Merles Defekte aufweisen können bzw. die pleiotrope Wirkung des Gens M von seinem rezessiven Allel m unterdrückt wird. Sollten Beweise für krankhafte Veränderungen, die zu Leiden führen, bei den Aussies gefunden werden, muss die Merle-Zeichnung aus der Zucht ausgeschlossen werden. Auch hier könnte die Genanalyse Aufschlüsse geben. Da über Jahrhunderte Hunde nicht wie heute nach ihrer Schönheit beurteilt wurden, sondern allein ihre Gebrauchstüchtigkeit im Vordergrund stand, liegt zumindest die Vermutung nahe, dass kranke oder mit Defekten behaftete Tiere längst bei den Hirten und Bauern als Arbeitshunde ausgedient hätten. Es bleibt abzuwarten, welche Ergebnisse die Genforschung in Zukunft hervorbringen wird.

...da dies bei einigen Nachkommen zu schweren Defekten führt.

Beim Australian Shepherd kann es in einem Wurf Welpen mit normaler Rute und Welpen mit angeborener Stummelrute geben.

Die Rute

Laut Standard besitzt der Australian Shepherd einen angeborenen oder kupierten Stummelschwanz von nicht mehr als vier Inches Länge. Mehrere Forscher haben versucht, den Vererbungsmodus des angeborenen Stummelschwanzes, der auch in verschiedenen anderen Hunderassen vorkommt, zu ergründen. Sie sind der Meinung, dass Kurzschwänzigkeit über normale Schwanzlänge dominant bzw. unvollständig dominant ist und das Gen in der homozygoten Anlage ein Letalfaktor (beim Embryo zum Tode führend) ist, so dass Hunde mit angeborenen Stummelschwänzen immer heterozygot sind. Allerdings sind noch nicht alle Fragen restlos geklärt. Die Tatsache, dass Australian-Shepherd-Welpen eines Wurfes mit unterschiedlicher Rutenlänge, mit den Übergängen von kurzer über halblanger bis normallanger Rute, aus der Verpaarung eines Aussies mit *"natural bobtail"* (natürlicher Kurzschwänzigkeit, NBT) mit einem Aussie mit normallanger Rute geboren werden, deutet darauf hin, dass mehr als nur ein Genpaar an der Ausbildung des Stummelschwanzes beteiligt ist. Da bei der gezielten Zucht (anderer Rassen) auf Stummelschwänzigkeit Missbildungen der Wirbelsäule, gelegentlich verbunden mit Störungen des Bewegungsablaufs und Inkontinenz, aufgetreten sind, dürfen Australian Shepherds mit *"natural bobtail"* nur mit einem Aussie mit normallanger oder, bei kupierten Tieren, ursprünglich normallanger Rute verpaart werden. Es sind dann etwa zur Hälfte Welpen mit verkürzter Rute zu erwarten. Australian Shepherds mit langer Rute werden ebenso wie ihre stummelschwänzigen Artgenossen beim ASCA bzw. VDH registriert und zur Zucht zugelassen. Auf Ausstellungen in Ländern mit Kupierverbot gilt eine lange Rute nicht als fehlerhaft.

Züchter

Zwei Hunde miteinander zu verpaaren und dann auf das Beste hoffen, erscheint ganz einfach und doch wird es ohne Hintergrundwissen, von Zufallstreffern einmal abgesehen, selten zum erwünschten Erfolg führen. Es gehört schon etwas mehr dazu als die reine Vermehrung. Ein Züchter, der sein Ziel darin sieht, die ihm zur Verfügung stehenden Tiere zu verbessern, wird beinahe automatisch zu einem Züchter von Siegern. Allerdings wird er zur Verwirklichung seiner Vorstellungen lange Zeit benötigen. Er ist selten zufrieden, immer darauf bedacht, die Vererbung bestimmter Vorzüge zu ergründen und seine Zucht auf einen besseren Stand zu bringen als zu dem Zeitpunkt, als er mit ihr begann. Natürlich freut er sich auch über einen Sieg und ist bemüht, seine Hunde gut zu präsentieren, jedoch erscheinen ihm professionelles Herrichten und Vorführtechnik weniger wichtig. Ihm sind zukünftige Generationen, die letztendlich der Verbesserung dienen, ständig gegenwärtig. Über unbedeutendere Dinge zu diskutieren, überlässt er anderen.

**Once In A Blue Moon's Lilly
Bes.: H. Hommel**

Marburg's Geronimo
(4 Wochen alt).
Zü.: I. Pelz

Auch als gewissenhafter Züchter wird er seinen gesamten Nachwuchs nicht behalten können. Es bereitet ihm große Freude, andere mit von ihm gezüchteten Tieren gewinnen zu sehen. Wird ein Hund gekauft oder der Deckrüde eines anderen Züchters in Anspruch genommen, geschieht dies mit einem Blick in die Zukunft und nicht mit dem Gedanken an einen Sieg. Es gibt immer nur sehr, sehr wenige von diesen Verbesserern, die das Wohl der Rasse in den Vordergrund stellen, um den Tieren und sich selbst ein bleibendes Ansehen zu erhalten.

Andere Züchter entscheiden sich eher für Quantität als für Qualität. In der Annahme, mit möglichst vielen Würfen eine größere Chance zu haben, einen Sieger zu züchten, produzieren sie gleich mehrere Würfe im Jahr. Es sind Züchter von Ausstellungssiegern, jedoch müssen ihre Tiere auf manche individuelle Behandlung verzichten. Während der Zuchtverbesserer seine wenigen Tiere mit viel persönlichem Einsatz umsorgt, wird sich hier die Zuwendung zwangsläufig auf ein Minimum beschränken oder aber Personal ist nötig.

Und dann gibt es noch den Züchter, der der Meinung ist, dass sein Hund, egal ob gekauft oder selbst gezüchtet, ob gut mittelmäßig oder schlecht, einfach gewinnen muss, weil es sein Hund ist. War er kein Sieger, wird er reichlich Entschuldigungen dafür finden. Er züchtet Hunde, um zu siegen, Gewinnen ist für ihn alles. Daher wird er einen Champion-Deckrüden, egal ob er zu seiner Hündin passt oder nicht, bevorzugen. Die Notwendigkeit der Pflegemaßnahmen und des Vorführens wird von ihm oft überbewertet.

Natürlich gibt es auch noch eine Reihe von durchschnittlichen Züchtern, die still vor sich hin züchten und irgendwo zwischen den genannten Typen einzuordnen sind. Manche nehmen ihre Sache nicht ernst genug, was den Blick in die Zukunft betrifft, andere haben weder das Wissen noch die Voraussetzung, den schwierigeren Weg zu gehen. Am Ende ist es jedoch der Zuchtverbesserer, auf den alle angewiesen sind. Und niemand (unsere Hunde schon gar nicht) benötigt ahnungslose Vermehrer oder Züchter, die ihre finanziellen Vorteile in der Massenproduktion sehen oder sogar Hunde mit zuchtausschließenden Fehlern verpaaren.

Hundezucht – ein Hobby

Mit verantwortungsbewusster Hundezucht lässt sich kein Geld verdienen. Wenn man Glück hat, lassen sich die laufenden Aufwendungen wie für Futter, Tierarztrechnungen, Ausbildungs- und Ausstellungsgebühren, Reise- und Hotelkosten, Steuer und Versicherung durch den Verkauf von Welpen gut reduzieren. Den Stundenlohn, der für eine artgerechte Aufzucht eines Welpen, zeitweise rund um die Uhr, angemessen wäre, könnte ohnehin kaum jemand bezahlen. Eine gute Hündin, die nicht als Gebärmaschine miss-

**Marburg's Blue Galaxy „Chip" im Alter von 12 Monaten.
FCI-European Junior Winner 1997 in Kopenhagen.
Zü. & Bes.: I. Pelz**

braucht wird, hat nicht mehr als drei Würfe in ihrem zehn- bis fünfzehnjährigen Leben. Und es lebt auch durchaus einmal ein Hund ebenso lange bei einem Züchter, bei dem sich zuchtausschließende Fehler erst spät herausgestellt haben und der trotzdem in seiner Familie bleiben darf und nicht weggegeben wird. Alle Hunde eines Züchters, unabhängig vom Alter, benötigen ihre tägliche individuelle Zuwendung, ihr Training oder ihren Auslauf außerhalb des eigenen Grundstücks. Das ganze Familienleben muss sich zwangsläufig auf die Bedürfnisse der Hunde einstellen. Es gehört eine Menge Idealismus und Verantwortungsbewusstsein dazu, ein guter Züchter zu sein.

Zuchtmethoden

Die Kunst des Züchtens besteht in der Auswahl der Partner, die zueinander passen und daher überdurchschnittliche Nachkommen hervorbringen. Bei der Zucht von Ausstellungshunden kommt es öfter einmal vor, dass perfekte Pflegemaßnahmen oder die Vorführung im Ausstellungsring oder einfach die Laune des Richters auch ein schlechteres Exemplar zum Sieger werden lassen, während ein überdurchschnittlich gutes, für die Zucht wertvolles Tier, der ewige Zweite bleibt. Prüfungen, die das Wesen und die Gebrauchstüchtigkeit testen, sind hier wesentlich aufschlussreicher. Ein Leistungstest wird kaum durch irgendwelche Manipulationen zu beeinflussen sein. Im Ausstellungsring werden unwesentliche Mängel, die weder die Gesundheit noch die Gebrauchstüchtigkeit beeinflussen, gelegentlich überbewertet; während es Siegertiere gibt, deren Fehler auf den ersten Blick nicht erkennbar, aber doch so gravierend sind, dass letztendlich die ganze Rasse davon betroffen ist, weil diese Sieger besonders häufig in der Zucht eingesetzt werden. Jeder Züchter muss sich darüber im Klaren sein, dass es nicht möglich ist, alles auf einmal zu erreichen. Seinen Zielen kann man nur Schritt für Schritt näher kommen, indem man sich für wenige Merkmale entscheidet, die wesentlich erscheinen, und für einige Fehler, die als untragbar gelten. Erfahrene Züchter werden sich nicht auf eine Zuchtmethode festlegen, sondern von Fall zu Fall entscheiden, wie zu verfahren ist. Fehler, die durch eine Vielzahl von Genen bestimmt werden, wie zum Beispiel steile Schultern oder ein schlechtes Gebiss, sind kaum mehr total zu eliminieren. Sind nur ein oder zwei Genpaare daran beteiligt, ist es möglich, durch entsprechende Auswahl des Zuchtpartners eine Merkmalsänderung zu erzielen. Die Auswahl der Zuchttiere erfolgt nach ihrem Phänotyp, nach ihrer Abstammung und der mit verschiedenen Partnern gezeugten Nachkommenschaft. Ziel ist, physisch und psychisch gesunde Hunde zu züchten, welche die Erwartungen, die in sie gesetzt werden, erfüllen können. Wenn sie darüber hinaus auch noch schön sind und ihren Eltern in ihren positiven Eigenschaften gleichen oder sie sogar übertreffen, weiß man, dass man auf dem richtigen Weg ist, der Verbesserung der Rasse zu dienen. Denn die Rasseverbesserung, nicht die Vermehrung ist Ziel einer verantwortungsvollen Zucht.

Linienzucht

Sie ist eine Erfolg versprechende Form der Tierzucht mit bestimmten gemeinsamen Vorfahren. Positive Merkmale werden gefestigt, negative ferngehalten. Linienzucht ist ohne ein gewisses Maß an Inzucht nicht möglich. Eine fortlaufend durchgeführte, strenge Zuchtauslese (Selektion) ist nicht nur für eine Verbesserung der Körpermerkmale und Leistungseigenschaften, sondern auch für

Die Suche nach einem geeigneten Zuchtpartner ist recht zeitaufwändig,...

die Erhaltung des Erreichten unentbehrlich. Der Sinn der Linienzucht besteht darin, das Erbgut der Ausgangstiere möglichst weitgehend bei den Nachkommen zu verankern und gleichzeitig unerwünschte, evtl. krank machende Gene aus der Zucht fern zu halten. Abgesehen von den äußerlich sichtbaren, im Rassestandard geforderten Merkmalen ist es aus gesundheitlichen Gründen wichtig, dass genügend Erbanlagen, welche keinen Einfluss auf die Ausbildung dieser Merkmale ausüben, in spalterbiger Form vorhanden sind.

Inzucht

Sie bietet die Möglichkeit unerwünschte Erbanlagen sichtbar zu machen, um ihre Träger aus der Zucht fern zu halten. Sie führt zur Schaffung einheitlicher Populationen, also zu dem, was wir als Rasse bezeichnen, und konstant vererbender Linien. Keinesfalls verursacht Inzucht irgendwelche Schäden, sofern man mit gesunden Tieren züchtet, was selbstverständlich sein sollte. Sie bringt nur eher ans Tageslicht, was dem Züchter bei anderen Zuchtmethoden länger verborgen bleibt. Unerwünschte rezessive Erbanlagen, die bei den Eltern nicht erkennbar sind, bei ihren Nachkommen aber erscheinen, werden durch beide Elterntiere vererbt und nicht durch Inzucht verursacht. Die Rückkreuzung (Vater/Tochter bzw. Mutter/Sohn) ist daher ein praktikabler Weg festzustellen, welche positiven wie negativen Gene bei einem Zuchttier vorhanden sind. Unerwünschte Begleiterscheinung bei wiederholter enger Inzucht, für die allerdings keine Notwendigkeit besteht und die auch nicht zu empfehlen ist, ist mangelnde Fruchtbarkeit. Später können auch Wachstumshemmungen sowie Krankheitsdispositionen durch Häufung von Defektgenen auftreten.

...denn ein Studium der Ahnentafeln und der Besuch von Veranstaltungen ist für einen Züchter unerlässlich.

Fremdpaarungen

Sie beinhalten immer Überraschungen. Sie können sich positiv wie negativ auf eine Zucht auswirken. Da die Nachkommen jeweils 50 Prozent der Gene vom Vater und 50 Prozent der Gene von der Mutter ererbt haben, kann es vorkommen, dass man durch den fremden Partner zwar das gewünschte Merkmal erhält, jedoch gleichzeitig eine Reihe von unerwünschten Eigenschaften dazu. Während bei der Linienzucht die Homozygotie der positiven Erbanlagen gefördert wird, sind die Erbanlagen bei den Nachkommen einer Fremdpaarung heterozygot vorhanden. Obwohl die Heterozygotie, mit Ausnahme der typischen Rassemerkmale, angestrebt wird, besteht der Nachteil, dass unerwünschte rezessive Gene unerkannt über viele Generationen weiter vererbt werden. Sie werden verdeckt, aber nicht eliminiert, und treten später bei einer Verpaarung mit einem Tier, das diese rezessive Anlage ebenfalls besitzt, wieder auf. Wird die Verbesserung eines Merkmals angestrebt, ist es daher eher sinnvoll, sich nach einer durchgezüchteten fremden Linie umzuschauen, die der eigenen, mit Ausnahme des gewünschten Merkmals, recht ähnlich ist.

Aus einer **Verbindung fremder Linien** entstehen oftmals Nachkommen, die ihren Eltern in ihren guten Eigenschaften hoch überlegen sind. Während positive Erbanlagen weitestgehend homozygot erhalten bleiben, ergibt sich durch die neue Kombination der Gene die Möglichkeit der Veränderung des gewünschten Merkmals.

Bei der Durchführung einer Linienzucht oder Inzucht ist es wünschenswert zu wissen, auf welche Weise der Grad des Inzuchtverhältnisses und die Größe des Einflusses bestimmt werden können, den ein bestimmtes Tier voraussichtlich auf die Nachkommen einer Paarung haben wird. Eine einfache, brauchbare Methode ist die Berechnung des Blutanteils. Ihr wird zugrunde gelegt, dass jeder

Der Australian Shepherd verfügt über ein ausgeprägtes Territorialverhalten.

Elternteil 50 Prozent seines Erbgutes auf einen Nachkommen überträgt, jeder Großelternteil 25 Prozent, jeder Urgroßelternteil 12,5 Prozent usw.

So steuert ein Rüde, der sowohl das Vater- wie auch das Muttertier eines Wurfes gezeugt hat, rechnerisch ebenso viel zur Erbmasse eines Wurfes bei (50 Prozent), als hätte er selbst den Wurf gezeugt.

Beispiel einer Rückkreuzung:

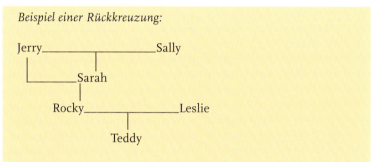

Die Blutsverwandtschaft von Teddy und Jerry beträgt 37,5 %, doch besteht zu ihm kein Inzuchtverhältnis. Durch die Einkreuzung von fremdem Blut durch Leslie wird die Inzucht, durch die Verpaarung von Vater und Tochter, aufgehoben.

Wenn ein bestimmtes Tier im Stammbaum eines Elterntieres viele Male auftritt, nie aber im Stammbaum des anderen Elternteils, dann ist der Wurf nicht ingezüchtet. Der Blutanteil kann ohne Inzucht 50 Prozent nicht übersteigen. Der gewissenhafte Gebrauch des gesammelten Wissens über die Vererbung wird dem verantwortungsbewussten Züchter helfen, sein Zuchtziel zu erreichen. Oberstes Gebot sollten immer Gesundheit und gutes Wesen sein.

Praktische Zucht

Züchter zu sein bedeutet große Verantwortung zu tragen für die Gesundheit der Hündin, für die artgerechte Aufzucht der Welpen und für die Rasse. Die erfolgreiche Zucht von Hunden erfordert theoretische Kenntnisse und praktische Erfahrung. Der Züchter muss die Eigenschaften der einzelnen Linien kennen, um mit seinen Zuchtmethoden die erwünschten wesensmäßigen wie auch körperlichen Merkmale fördern zu können.

Obwohl es das Ziel eines jeden Züchters sein sollte, überdurchschnittlichen Nachwuchs zu erhalten, scheinen gelegentlich kommerzielle Gesichtspunkte oder fehlendes Wissen den guten Willen zu behindern. In einem frei lebenden Wolfsrudel bekommt in der Regel nur der ranghöchste weibliche Wolf einmal im Jahr Nachwuchs. Man kann leicht ausrechnen, dass sich die Anzahl der Würfe einer Wölfin stark in Grenzen hält. Wir können daraus lernen, dass es für das Wohlbefinden unserer Hündin keinesfalls notwendig ist, einmal im Leben Welpen gehabt zu haben. Und auch, dass wir ihr als Züchter nicht mehr als drei Würfe im Leben zumuten dürfen, wenn uns ihre Gesundheit am Herzen liegt. Auch die Scheinträchtigkeit hat ihren Ursprung in der Versorgung der Welpen eines frei lebenden Wolfsrudels. Scheinträchtigkeit durch die Aufzucht eines Wurfes vermeiden zu können, ist ein weit verbreiteter Irrglaube.

Voraussetzungen für einen gewissenhaften Züchter sind bestimmte menschliche Eigenschaften, genügend Raum, auch im Freien, und finanzieller Hintergrund, sowie viel, viel Zeit. Züchter kann nur werden, wer bereit ist, Opfer zu bringen, sei es bei der Urlaubsplanung oder sonstiger Freizeitgestaltung. Eine schwierige Aufgabe für den Züchter ist die Suche nach dem passenden Deckrüden. Es muss nicht der Sieger sein, wie vielfach angenommen. Oft sind sein Bruder oder Vater oder ein ganz anderer Vertreter der Linie viel besser geeignet.

Die Hitze

Eine Australian-Shepherd-Hündin wird etwa im Alter von zehn bis zwölf Monaten zum ersten Mal läufig, manchmal auch früher. Anfangs ist nur eine Schwellung der Scheide zu beobachten, der erst ein rötlich-wässriger und dann blutiger Ausfluss folgt. Zum Zeitpunkt des Eisprungs verringert sich dieser Ausfluss wieder, wird heller und glasig-schleimig. Die Hitze wiederholt sich alle sechs oder aber acht bis neun Monate und dauert etwa 21 Tage.

Soll die Hündin gedeckt werden, geschieht dies erst, nachdem sie mit etwa zwei Jahren ihre volle körperliche Reife erreicht hat, sich in bester Kondition befindet und auch die Untersuchungen auf eventuell vererbbare Erkrankungen kein negatives Ergebnis hervorgebracht haben.

Ist der richtige Deckzeitpunkt gekommen, wird die Hündin zum ausgesuchten Deckrüden gebracht.
Pete von der Haetz Ranch
Bes.: S. Marwede

Der richtige Deckzeitpunkt

Er ist schwierig zu bestimmen, da er von Hündin zu Hündin und noch dazu von Hitze zu Hitze variiert. Manche Hündinnen zeigen sich schon am 9. Tag der Läufigkeit deckbereit, während bei anderen der Eisprung erst am 18. Tag stattfindet. Wenn es soweit ist, reist die Hündin zum Rüden. In der ihr fremden Umgebung wird sie etwas weniger selbstbewusst auftreten und auch der Rüde wird nicht weiter abgelenkt und kann sich auf seine Aufgabe konzentrieren. Manche Hündinnen verhalten sich am unbekannten Ort zurückhaltend und benötigen ein wenig Geduld. Liebesspiel und Werbung spielen eine große Rolle. Oder aber sie reagieren aggressiv, wenn der richtige Zeitpunkt zum Decken noch nicht gekommen oder bereits vorüber ist. Eine normale Hündin wird ihre Bereitschaft dem Rüden deutlich zeigen, ihre Rute zur Seite abdrehen und sich decken lassen. Manche erfahrenen Zuchtrüden gehen ohne Paarungsspiel und Werbung zielstrebig zur Sache, welches auf einige Hündinnen recht erschreckend wirken kann. Andere wiederum legen mehr Wert auf Gefühl und besteigen die Hündin erst nach ausgiebigem Kennenlernen und Liebesspiel. Ein Rüde, der zum ersten Mal decken soll, benötigt Ermunterung, Ruhe und Geduld. Schlechte Erfahrungen werden seine Zukunft als Zuchtrüde nachhaltig beeinflussen. Daher sollte er anfangs nur mit problemlosen Hündinnen zusammengebracht werden.

Zum normalen Paarungsablauf gehört auch das „Hängen" nach erfolgtem Deckakt, welches fünf bis dreißig Minuten, aber auch länger dauern kann. Beim Hängen werden die Schwellkörper des Penis von der Scheidenmuskulatur festgehalten, damit ein Rückfluss des Spermas verhindert wird. Um zu verhindern, dass sich die Tiere verletzen, muss man als Mensch in der Nähe bleiben, um notfalls bei auftretender Unruhe die Tiere beruhigen und festhalten zu können. In den folgenden Tagen muss die Hündin weiterhin gut beaufsichtigt werden. Lässt sie sich von einem anderen Rüden nochmals decken, ist ein Wurf mit unterschiedlichen Vätern zu erwarten.

Trächtigkeit

Hat die Hündin aufgenommen, verläuft bis etwa zur Mitte der Trächtigkeit, die ungefähr 63 (59–67) Tage dauert, alles wie bisher. Ab der 5. Trächtigkeitswoche erhöht sich ihr Eiweiß- und Energiebedarf. Bei der Fütterung sollte man für ein ausgewogenes Verhältnis der Nährstoffe, besonders Calcium und Phosphor, sowie Vitamin A sorgen. Die erhöhten Futterrationen werden auf mehrere Mahlzeiten verteilt, auch weil sich der Magen aufgrund der wachsenden Früchte nicht mehr normal ausdehnen kann. Um Geburtsschwierigkeiten zu vermeiden, darf die Hündin aber auch nicht fett gefüttert werden. Idealerweise liegt ihr Gewicht kurz vor der Geburt bei etwa 125 Prozent ihres Normalgewichts. Sie bekommt weiterhin ihre regelmäßige Bewegung. Eingestellt werden sollte aber das Springen oder Toben mit Artgenossen.

Aussies verfügen über einen natürlichen Schutzinstinkt.
An-Di-Meck's Black Magic
Bes.: A. & D. Meckelnburg

Wurflager herrichten

Etwa ab der zweiten Woche vor der Geburt kann man die Hündin schon einmal an das Wurflager gewöhnen, indem sie nachts dort schlafen kann. Selbstverständlich wurde es in einem Raum errichtet, in dem die werdende Mutter vollkommen ungestört ist. Sinnvoll ist ein Bett für ihren Menschen, der bei der Geburt und in der Zeit danach anwesend sein soll. Praktisch ist eine Wurfkiste aus Holz, die mit einer nicht zu harten, abwaschbaren Unterlage, saugfähigem Zeitungspapier und Bettlaken darüber ausgelegt wird. Für die Zeit nach der Geburt gibt es spezielle Welpendecken, die wasserdurchlässig sind und dafür sorgen, dass die Welpen immer trocken und warm liegen. Stroh oder ähnliches Einstreumaterial beherbergt gelegentlich Parasiten und ist oft zu hart, die Neugeborenen könnten sich daran verletzen. Eine Wärmelampe, die so angebracht wird, dass sich die Tiere auch außerhalb des Strahlungsbereichs legen können, wenn ihnen zu warm wird, sorgt für ausreichende Temperatur. Sind die Seitenwände der Wurfkiste hoch genug, eventuell umklappbar, verhindern sie das Herausklettern der heranwachsenden Welpen und schützen vor Zugluft. Die Kiste sollte der liegenden Hündin ausreichend Platz bieten, damit sie sich bequem ausstrecken und auch bei einer größeren Welpenschar gefahrlos ein- und aussteigen kann. Idealerweise ist in etwa zehn Zentimetern Höhe ein etwa zehn Zentimeter breites Brett angebracht, das verhindern soll, dass Welpen, die hinter ihre Mutter geraten, nicht versehentlich erdrückt werden. Manche Hündinnen halten gar nichts von dieser so gut gemeinten Fürsorge ihrer Menschen. Sie graben sich lieber Höhlen auf dem Grundstück unter alten Baumwurzeln oder Ähnlichem und lassen sich nur mühsam davon abhalten und überzeugen, dass es doch besser ist, bei eventuell auftretenden Komplikationen einen Helfer zur Seite zu haben.

Geburt

Die bevorstehende Geburt kündigt sich etwa 24 bis 48 Stunden vorher mit einem Abfall der Körpertemperatur bis auf 36,5°C und meist auch Futterverweigerung an. Die Hündin wird unruhig und läuft aufgeregt umher. Klarer, schleimiger Ausfluss erscheint und sie sieht öfter nach ihrem Hinterteil, um sich zu lecken. Später sind die Wehen deutlich zu erkennen, die Hündin hechelt, scharrt und kratzt. Nach einer Weile erscheint der Fruchtwassersack, der durch intensives Lecken und Innendruck platzt. Bald darauf wird die Fruchtblase sichtbar und der erste Welpe geboren. Seine Geschwister, jedes in einer eigenen Fruchthülle, folgen im Abstand von etwa zehn Minuten bis auch zwei oder drei Stunden, manche auch noch viel später. Erstgebärende Hündinnen sind manchmal ganz erstaunt über die zappelnde Blase, die plötzlich neben ihnen in der Wurfkiste liegt. Beginnt die Mutter nicht bald, den Welpen von der Eihaut zu

Nach der Geburt ist Entspannung angesagt. Jetzt kann man sich auch als Züchter endlich einmal ausruhen.

befreien, muss er ersticken. Hier kann man als Mensch helfend eingreifen und mit den Fingern die Eihülle über dem Kopf aufreißen. Den Rest, einschließlich des Abnabelns, besorgt dann die Hündin. Bald darauf folgt die Nachgeburt, die meistens gefressen wird. Für den Fall, dass sich die Hündin nicht ausreichend um einen Welpen kümmert, ist es ratsam, Desinfektionslösung für die Hände, frische, gebügelte Frotteetücher, eine desinfizierte Schere und ausgekochte Zwirnfäden bereitzuhalten. Nachdem der Welpe von der Fruchthülle befreit und mit dem Finger eventuell vorhandener Schleim aus der Mundhöhle gewischt wurde, wird die Nabelschnur möglichst nahe am Bauch abgebunden und ein Stück hinter dem Mehrfachknoten abgeschnitten. Anschließend wird der Welpe ordentlich trocken gerubbelt, bis er protestierend schreit, und seiner Mutter an die Zitzen gelegt. Jede Geburt verläuft etwas anders und es ist schwierig, die Grenze zu ziehen zwischen noch normal und einer Vielzahl von möglichen Komplikationen. Wird der Welpe trotz (der öfter vorkommenden) Steißlage zügig ausgetrieben, besteht keine Gefahr. Sonst gehört jedoch jede Form von Fehllage unbedingt in die Hand des Tierarztes. Der Australian Shepherd ist ein gesunder Hund. Bei der üblicherweise normal verlaufenden Geburt beschränkt sich die Hilfeleistung auf die Anwesenheit und beruhigende Worte des vertrauten Menschen, um die Hündin und den Geburtsablauf nicht zu stören. Wird der Abstand zwischen zwei Geburten recht lang, führt man die angeleinte Hündin zum „Lösen" nach draußen. Durch den kleinen Spaziergang wird die Wehentätigkeit wieder angeregt. Dabei ist darauf zu achten, dass sie draußen keinen Welpen verliert.

In folgenden Fällen muss unbedingt der Tierarzt benachrichtigt werden:
- Die Trächtigkeitsdauer liegt über 66 Tage (vermutlich Einfrüchtigkeit).
- Auftreten von Fieber, dunkler bis schwarz-grüner Ausfluss (abgestorbene Jungen) um den Geburtstermin herum oder die Hündin schreit während der Geburt häufig (Fehllage).
- Keine Geburt innerhalb von zwei Stunden nach Abgang des Fruchtwassers (Welpen sind in Gefahr).
- Erfolglose Presswehen über zwei Stunden oder Wehenstillstand über mehrere Stunden.
- Eine zurückgebliebene Nachgeburt kann wie ein zurückgebliebener Welpe eine schwere Infektion auslösen (zählen!). Die Nachgeburt wird auf jeden Fall vor der Geburt des nächsten Welpen ausgestoßen.

Welpenaufzucht und Entwicklung

1. und 2. Woche

Die ersten beiden Lebenswochen verbringen die neugeborenen Aussies mit Schlafen und Saugen. Da sie noch nicht in der Lage sind, ihre Körpertemperatur aufrecht zu erhalten, benötigen sie Wärme durch die Mutter oder eine Wärmelampe. Ihr Verdauungsvorgang muss durch stimulierende Massage (Lecken durch die Mutter) angeregt werden. Die Umweltkontakte der Welpen sind auf Berührung beschränkt. Sie spüren Kälte, Wärme und Schmerz und sind sehr kontaktbedürftig. An Bewegungen ist nur das Kreiskriechen und Kopfpendeln zu beobachten. Das mittlere Geburtsgewicht eines Australian Shepherds liegt bei etwa 400 g. Gewichtszunahmen

Kontaktliegen fördert das Wohlbefinden und führt zu einem Wärmeaustausch.

Welpen benötigen viel Schlaf und sollten dabei auch nicht gestört werden.

von täglich etwa 40g sind normal. Tägliche Gewichtskontrollen helfen frühzeitig zu erkennen, ob alles in Ordnung ist. Ist bei sehr großen Würfen zur Entlastung der Mutter eine Zufütterung angebracht, leisten speziell für Hunde hergestellte Milchaustauscher große Dienste. Die Flaschenmahlzeit wird anfangs alle zwei Stunden, später im Abstand von drei Stunden rund um die Uhr, das heißt auch nachts, verabreicht. Sind die Welpen im Alter von drei Wochen in der Lage, selbstständig zu fressen, kann die Nachtfütterung eingestellt werden. Welpen, die sich kühl oder hart anfühlen bzw. dauernd schreien, sind meist nicht lebensfähig. Auch Neugeborene, die nicht ausdauernd genug der Milchquelle zustreben, werden von der Hündin ausgesondert. Sie müssen ebenso vom Tierarzt eingeschläfert werden wie Welpen, die körperliche Missbildungen aufweisen. Die Hundefamilie benötigt viel Ruhe. Es ist nicht die richtige Zeit für Besuche von Freunden oder Nachbarn.

3. Woche

Erstaunlich ist, dass die Welpen, obwohl sie erst im Alter von drei Wochen hören können, selbst bei jedem unangenehmen Körpergefühl reichlich Lärm machen. In der dritten Lebenswoche öffnen sich die Augen, der Durchbruch der Milchzähne beginnt und die ersten noch recht unbeholfenen Schritte folgen bald. Die Welpen benötigen weiterhin ihre Mutter, ihre Geschwister, Wärme und viel Schlaf. Es ist sinnvoll, die Krallen der Vorderfüße etwas zu kürzen, um das Gesäuge der Mutter zu schonen.

Aufzucht von Welpen

1 Im Alter von etwa einem Monat werden die Welpen im Stehen gesäugt.

2 Körperpflege muss sein und bedeutet gleichzeitig Zuwendung.

3 Die Welpen beginnen zu spielen, bellen und knurren, sie benötigen den Kontakt zu ihrer Umwelt. (Riwa von der Haetz Ranch mit ihren Welpen nach ASCA Ch. Prizm's Inside Track, Zü.: W. Bollmann)

4. und 5. Woche

Sind die Aussies drei Wochen alt, bekommen sie ihre erste feste Mahlzeit angeboten. Handwarmes, geschabtes Rindfleisch, etwa 1 Teelöffel voll, wird anfangs morgens und abends, später abwechselnd mit fertiger Welpenmilch im Napf mehrmals täglich gereicht. Ein in Welpenmilch eingeweichtes Flockenfutter ergänzt den Speiseplan.

Nach der Fütterung der Mutter ist es besser, sie erst einmal eine Weile von ihren Kindern getrennt zu lassen, da sie ihnen sonst ihre Mahlzeit vorwürgen wird.

Marburg's Blue Galaxy „Chip" untersucht neugierig einen Tennisball.

Die Welpen beginnen zu spielen, zu bellen und zu knurren. Alles Mögliche wird herumgeschleppt oder den Geschwistern abgejagt. Von besonderer Bedeutung ist, dass jeder einzelne Welpe von nun an täglich den ausgiebigen (auch körperlichen) Kontakt zu seiner Menschenfamilie erhält. Unruhe, Lärm oder sonstige Dinge, die ihn erschrecken könnten, müssen vermieden werden. Beschränkt sich die Zuwendung auf Saubermachen und Fütterung, werden später Probleme durch ungenügende Prägung auf den Menschen entstehen, die das Zusammenleben erschweren. Sind die jungen Aussies etwa einen Monat alt, benötigen sie auch den Kontakt zu ihrer Umwelt. Wenn es das Wetter erlaubt, verbringen sie von nun an den Tag draußen an frischer Luft.

6. und 7. Woche

Die Entwöhnung beginnt. Die Welpen lernen durch Mutter und Wurfgeschwister körperliche Geschicklichkeit und auch, wie man sich als Hund Artgenossen gegenüber benimmt. Im Spiel entfalten sie ihre körperlichen und seelischen Anlagen. Dominantes bzw. unterwürfiges Verhalten entwickelt sich.

Der Kontakt zur Umwelt und freundlichen Leuten, auch außerhalb des Welpenauslaufs, muss den jungen Aussies ermöglicht werden. Leben keine Kinder in der Züchterfamilie, werden die Nachbarskinder eingeladen. Das Leben und Treiben im Haushalt mit lautem Staubsauger etc. will gelernt sein. Die seelische Entwicklung ist ebenso wichtig wie die körperliche Gesundheit. Für ihre spätere Aufgabe als Hütehund zu arbeiten, können sie zur Anregung des Hütetriebs auch schon einmal Enten kennen lernen. Sind die Welpen sechs Wochen alt, bekommen sie noch vier Mahlzeiten täglich.

Im Alter von vier Wochen wird zum ersten Mal interessiert der Garten erkundet (Marburg's Sally Girl).

In den ersten Lebenswochen geht die Entwicklung eines Welpen recht schnell voran.

8. und 9. Woche

Der beste Zeitpunkt für das Einleben in einem neuen Rudel ist gekommen, wenn die Welpen etwa sieben Wochen alt sind. Im folgenden Entwicklungsabschnitt, der mit etwa zwölf Wochen seinen Höhepunkt erreicht, entwickelt sich eine gewisse Furcht vor allem Unbekannten. Eine Hundemutter ist nicht in der Lage, ihre unerfahrenen Kinder vor Gefahren zu schützen, indem sie sie an die Leine nimmt. Daher hat es die Natur weise eingerichtet, dass sich die Welpen während der Angstphase, die mit etwa sechzehn Wochen abklingt, in unbekannten Situationen in ihrer Nähe aufhalten. Hundezüchter geben ihre siebenwöchigen Welpen, da sie noch ohne ausreichenden Impfschutz sind, selten ab. Hier ist die ganze Familie gefordert, wenn es darum geht, das erhebliche Spielbedürfnis der Welpen zu befriedigen. Die Mutter allein wäre damit überfordert und hätte auch in der Natur die Unterstützung des Vaters und des ganzen Rudels, um die Welpen an die Regeln des Hundelebens zu gewöhnen. Da die jungen Aussies später in einem gemischten Rudel leben werden, müssen sie Gelegenheit bekommen, sich auch einzeln an die verschiedenen Alltagssituationen und den Straßenverkehr gewöhnen zu können. Dabei ist darauf zu achten, dass die Tiere nicht unnötigerweise erschreckt oder in Angst versetzt werden. Die Einflüsse während der frühen Jugendzeit sind für die charakterliche Entwicklung ebenso wichtig wie zweckentsprechende Zuchtwahl.

Nimmt man so einen kleinen Kerl in seine Familie auf, bedeutet dies viel Freude, aber auch Verantwortung ein Hundeleben lang.

10. bis 12. Woche

Die so genannte Sozialisierungsphase, in der die Grundlagen des Verhaltens erlernt werden, ist im Alter von etwa drei Monaten beendet. Das Rudel wird eng miteinander verbunden. Hat der Aussie in dieser Lebensphase keine Möglichkeit, zu Menschen oder anderen Tieren eine Bindung aufzubauen, wird er diese auch später nicht mehr eingehen können. Unter Berücksichtigung eines ausreichenden Impfschutzes wird daher das beste Abgabealter bei etwa neun oder zehn Wochen liegen. Der neue Besitzer muss sich nun ähnlich wie ein Rüde verhalten, mit ihm spielen und ihm beibringen, dass er sich unterzuordnen hat. Unterlässt man dies, entsteht zwar ein gut sozialisierter Hund, der sich in Hundekreisen vollkommen richtig verhält, nicht jedoch in der Menschengesellschaft. Schließlich möchte der Mensch einen Hund, der mit ihm zusammenlebt und arbeitet.

Kommt der Welpe in dieser Phase nicht mit anderen Hunden zusammen, wird er sich Artgenossen gegenüber unangepasst verhalten und sich als schwierig in der Haltung erweisen. Das Milchgebiss (28 Zähne) hat seine volle Entwicklung erreicht. Der Aussie ist in der Lage, einfache Kommandos wie „Sitz" und „Hier" zu erlernen. Er benötigt jetzt und in den folgenden Monaten besonders viel Liebe und die Geborgenheit seines Rudels. Es ist sehr wichtig, dass er weiterhin mit den verschiedenen Alltagssituationen vertraut wird. Dies bedeutet viel unterwegs sein, jedoch Stresssituationen und Überbeanspruchung vermeiden.

M & M's Danger
Bes.: B. Leu, Schweiz

Welpentest

Der ideale Australian Shepherd, egal ob Arbeits- oder Familienhund, besitzt ein ausgeglichenes Temperament. Alle groben Abweichungen, in die eine oder andere Richtung, erschweren die Ausbildung oder das Zusammenleben. Der beste Zeitpunkt, das Wesen eines Welpen zu testen, liegt bei einem Alter von etwa 7–9 Wochen. Durchgeführt wird der Test an einem für den jungen Aussie unbekannten Ort. Sicher spielen weitere Faktoren, wie Sozialisation, Training, individuelle Erlebnisse und andere Umwelteinflüsse eine große Rolle. Die Grundzüge des Wesens lassen sich jedoch erkennen.

1. *Die Testperson setzt den Welpen ab und kniet oder setzt sich ein paar Schritte von ihm entfernt auf den Boden. Durch Händeklatschen oder Rufen mit freundlicher Stimme wird der Aussie gelockt.*
a) Idealerweise kommt er schnell und krabbelt vielleicht auch auf den Schoß.
b) Nicht erwünscht ist, dass er dominante oder aggressive Tendenzen zeigt und dabei in die Hände der Testperson beißt.
c) Kommt er nicht, mag es sein, dass er scheu oder sein Sozialverhalten gestört ist.

2. *Die Testperson streichelt und krault den Welpen am Kopf, an den Ohren, am gesamten Körper einschließlich der Füße.*
a) Ein gut sozialisierter Welpe hält still und „streichelt" vielleicht zurück (leckt die Hände).
b) Aggressives Verhalten wie Knurren oder Beißen ist unerwünscht.
c) Ein Welpe, der sich sträubt und wegläuft, könnte zu wenig menschlichen Kontakt gehabt haben.

Die Grundzüge des Wesens lassen sich schon früh erkennen. M & M's Twinkle, heute ausgebildeter Blindenhund. Bes.: U. Bernard

Ein Besen übt auf viele Welpen eine besondere Anziehungskraft aus.
M & M's Merle
Bes.: B. Gühlke

3. Die Testperson dreht den liegenden Welpen auf den Rücken und hält ihn für etwa dreißig Sekunden fest.
a) Ein ausgeglichener Aussie wird sich anfangs sträuben, dann aber ruhig verhalten.
b) Ein dominanter Welpe sträubt sich heftig und zeigt evtl. aggressive Tendenzen.
c) Ein unterwürfiger Welpe sträubt sich nicht, wird im Extremfall vielleicht urinieren.

4. Die Testperson zeigt dem Welpen ein zusammengeknülltes Blatt Papier und wirft es dann ein Stück weg.
a) Wünschenswert ist, wenn der Aussie dem weggeworfenen Gegenstand folgt und ihn zurückbringt. Die Apportierfreudigkeit ist eng verbunden mit Intelligenz, dem Wusch gefällig zu sein und Selbstvertrauen.
b) Ein Welpe, der dem Gegenstand folgt und damit wegläuft oder
c) ein Welpe, der dem Gegenstand zwar folgt, sich aber nicht weiter dafür interessiert, ist u. a. schwieriger zu trainieren.

5. Die Testperson steht auf und entfernt sich von dem Welpen, ohne irgendetwas zu sagen.
a) Folgt der Aussie freudig und bleibt in der Nähe, ist dies ein Zeichen dafür, dass er zukünftig die Wünsche seines Besitzers gern erfüllen wird.
b) Ein Welpe, der unentwegt versucht, die Füße des Menschen zu fangen, wird vielleicht eher ein guter Arbeitshund als der ideale Familienhund mit Kleinkindern sein.
c) Ein Welpe, der nicht folgt, ist an gemeinsamen Unternehmungen weniger interessiert und schwieriger zu trainieren.

Wer passt zu wem?

Um bessere Rückschlüsse ziehen zu können, ist es sinnvoll, den Test im Abstand von ein paar Tagen zu wiederholen. Auch graduelle Abstufungen im Verhalten müssen Berücksichtigung finden. Der durchschnittliche Aussie mit ausgeglichenem Wesen erweist sich bestens als Arbeitshund und ist auch für Familien mit Kindern oder vielleicht sogar Ersthundebesitzer geeignet. Er ist gut erzieh- und trainierbar. Ein dominanter Welpe ist weder einer Familie mit Kleinkindern noch Ersthundebesitzern zu empfehlen. In erfahrenen Händen kann er sich zu einem guten Arbeitshund entwickeln. Zeigt er aggressive Tendenzen, muss bei der Erziehung besonderer Wert auf Konsequenz gelegt werden. Grobe Trainingsmethoden fördern die Aggression. Falsche Behandlung kann leicht zu Problemen führen. In einem hundeerfahrenen Haushalt mit nicht zu nachgiebigen Menschen kann er zu einem angenehmen Begleiter heranwachsen. Ein unterwürfiger Welpe benötigt eine freundliche und ruhige Behandlung. Die Geborgenheit in der Familie und vertrauensaufbauende Trainingsmethoden fördern sein Selbstbewusstsein und erleichtern ihm die Einordnung in die Gesellschaft. Grobe Erziehungsmaßnahmen bringen mehr Schaden als Nutzen. Bei ruhigen, erwachsenen Menschen mit viel Einfühlungsvermögen wird er sich bald zu einem guten Freund und Begleiter entwickeln. Ein scheuer oder schlecht sozialisierter Welpe, der außerdem aggressive Tendenzen zeigt, kann möglicherweise in Stresssituationen zum Angstbeißer werden. Er ist weder für Kinder noch für unerfahrene Hundehalter geeignet.

M & M's Alaskan Cuty (TC Owens x Major's Kelly Rose) mit Nachwuchs.
Zü.: M. Owens, Alaska
Bes.: Fam. Seifert

Aufgaben des Züchters

Die Aufgaben des Züchters erschöpfen sich nicht in der optimalen Zuchtauswahl und der optimalen Welpenaufzucht. Um das optimale Zuhause für jeden einzelnen Welpen zu finden, ist es notwendig, den Interessenten auch recht persönliche Fragen zu stellen:
- Warum ausgerechnet ein Aussie und wie soll er leben?
- Familienverhältnisse und Berufstätigkeit?
- Ist genügend Zeit vorhanden?
- Gibt es ein sicher eingezäuntes Grundstück?
- Ist Hundeerfahrung vorhanden?
- Leben weitere Tiere im Haushalt? usw.

Lautet die *erste* Frage eines Interessenten am Telefon: „Sie haben Aussie-Welpen? Was sollen die denn kosten?", kann man mit großer Wahrscheinlichkeit davon ausgehen, dass dort ein Hund nicht in den richtigen Händen ist. Wer Jahre seines Lebens mit einem Aussie verbringen möchte, hat anfangs bestimmt wichtigere Fragen zu stellen.

Hat man den Eindruck, dass alles in Ordnung ist, kann man über den oder die in Frage kommenden Welpen und den Preis reden, und auch einen Besuchstermin vereinbaren. Selbstverständlich wird die gesamte zukünftige Familie an diesem bedeutungsvollen Tag beim Züchter erscheinen. So besteht die Möglichkeit nicht nur Fragen zur Rasse und speziell den Welpen betreffend zu beantworten, sondern auch auf die persönlichen Verhältnisse einzugehen.
- Hat man sich die Mühe gemacht seine Kinder zu erziehen?
- Geht es in der Familie eher hektisch und laut zu?
- Hat man Freude am Training und gemeinsamer Beschäftigung?

Sind alle Beteiligten davon überzeugt, dass alles in Ordnung ist, werden die Vereinbarungen schriftlich in einem Kaufvertrag festgehalten. Der Käufer bekommt Infomaterial und den speziellen Futterplan ausgehändigt. Am späteren Abgabetag muss, außer dem Fahrer, noch eine weitere Person der Familie anwesend sein, die dem Aussie-Welpen den Abschied erleichtern und etwas Geborgenheit vermitteln kann. Öffentliche Verkehrsmittel sind nicht geeignet.

Die nach der Wurfmeldung (Litter Registration Application) vom ASCA erhaltenen Anträge auf Einzelregistrierung (Individual Registration Application) für jeden einzelnen Welpen bzw. die Registrierbescheinigung des VDH sind dem Käufer, sinnvollerweise mit einer Erklärung, ebenso auszuhändigen wie der Impfpass und eine Bescheinigung über bisher durchgeführte Wurmkuren.

Mögen auch Ihre Maßnahmen als Züchter von den lieben Mitmenschen belächelt oder als übertrieben angesehen werden – Sie suchen für Ihren Welpen ein gutes Zuhause, und zwar für 12–15 Jahre. Die Verantwortung als Züchter erlischt nicht automatisch mit dem Verkauf.

1 Kommt der Welpe in eine kinderreiche Familie, sollte er bereits beim Züchter mit Kindern Erfahrungen sammeln können.

2 Auch der Kontakt mit anderen Haustieren wie z. B. Katzen ist während der Sozialisierungsphase wichtig.

3 Eine gute Prägung auf den Menschen im Welpenalter ist die beste Voraussetzung für ein harmonisches Zusammenleben.

4 Um den Aussie gesund zu erhalten, ist übermäßige Beanspruchung in der Wachstumsphase zu vermeiden.

Der Australian Shepherd im Alter

Wer viele Jahre Freud und Leid mit seinem Hund in der Familie geteilt hat, wird eines Tages feststellen, dass er ruhiger geworden ist oder ihn vielleicht auch das eine oder andere Gebrechen plagt. Ausgewogene Ernährung, die ihn nicht zu dick werden lässt, und regelmäßige Bewegung, die Herz und Kreislauf in Schwung hält, sollte er schon weiterhin bekommen. So wie wir in der Wachstumszeit häufig das Bewegungsbedürfnis überschätzen, unterschätzen wir es beim alternden Hund. Auch darf nicht vergessen werden, dass eine gut ausgebildete Muskulatur das Skelett unterstützt. So wie man die „Jugendsünden" seines Aussies heute mit einem Lächeln betrachtet, sollten auch gewisse Verhaltenseigenarten im Alter berücksichtigt werden. Der Australian Shepherd ist ein gesunder, langlebiger Hund. Und doch kann der Tag kommen, an dem sich die Familie entscheiden muss zwischen einer unheilbaren, schmerzhaften Erkrankung, die ihrem Hund alle Lebensfreude nimmt, und der Erlösung durch Einschläfern. Unwürdiges Dahinsiechen, so wie wir es selbst für uns nicht wollen, dürfen wir auch unseren Hunden nicht zumuten. Auf uns Menschen wirkt der Tod unheimlich und bedrohlich, vielleicht kommen wir uns wie „Mörder" vor und doch wird unsere Entscheidung richtig sein, wenn wir uns sagen, dass unser Aussie ein schönes Leben gehabt hat und nur wir allein ihm helfen können, seine letzten Monate nicht qualvoll und unwürdig zu verbringen. Wenn der Moment gekommen ist, ersparen Sie ihm die Aufregung in der Tierarztpraxis, bitten Sie Ihren Tierarzt ins Haus. Bleiben Sie bei Ihrem Aussie, erzählen Sie ihm, wie sehr sie ihn lieben und wenn es noch so schwer fallen mag, halten Sie ihn im Arm, bis alles vorüber ist. Sie waren der Mittelpunkt seines Lebens, sein bester Freund, für den er bereit war, alles zu tun – lassen Sie ihn nicht allein.

Es entsteht eine besondere Bindung, wenn man viele Jahre Freud und Leid geteilt hat.

Service

Quellen

Aldington, Eric H. W.: Von der Seele des Hundes. Weiden 1986

Beckmann, Gudrun: Der Hundeknigge. Hamburg 1990

Burns, M. und Fraser, M.: Die Vererbung des Hundes. Reutlingen 1968

Hartnagle-Taylor, Jeanne Joy: All About Aussies. Alpine Publikations, USA 1996

Schawalder, Peter: Die Hüftgelenksdysplasie im Umfeld von sekundären Einflüssen und ektopischen Ursachen. Kleintierpraxis 41, S. 625-638, 1996

Trumler, Eberhard: Ratgeber für den Hundefreund. München 1980

Aussie Times – The official publications of the Australian Shepherd Club of America, Inc.

Zum Weiterlesen

Beckmann, G. und S.: **Vom aufrechten Menschen zum Hundehalter.** Gießen 1994

Donaldson, Jean: **Hunde sind anders... Menschen auch.** Stuttgart 2000

Führmann, P. und N. Hoefs: **Das Kosmos-Erziehungsprogramm für Hunde.** Stuttgart 2006

Führmann, P. und N. Hoefs: **Erziehungsspiele für Hunde.** Stuttgart 2002

Führmann, P. und I. Franzke: **Erziehungsprobleme bei Hunden.** Stuttgart 2004

Rustige, Barbara: **Hundekrankheiten.** Stuttgart 1999

Schöning, Barbara: **Hundeverhalten.** Stuttgart 2001

Schöning, B.; N. Steffen u. K. Röhrs: **Hundesprache.** Stuttgart 2004

Theby, Viviane: **Hundeschule.** Stuttgart 2002

Theby, Viviane und Manuela Hares: **Agility.** Stuttgart 2003

Winkler, Sabine: **Hundeerziehung.** Stuttgart 2000

Chifflard, Hans und Herbert Sehner: **Ausbildung von Hütehunden.** Stuttgart 1996

Danke

Ein Leben mit Tieren ist diesem Buch vorausgegangen. Daher danke ich in erster Linie meinen Hunden Amigo, Hexe, Agathe, Alayne, Barney, Dan Doogan, Meggie und Chip für die gemeinsame, glückliche Zeit und alles was ich von ihnen lernen durfte.

Für das entgegengebrachte Vertrauen danke ich „unserem" Schäfer Thomas Behle und seinem Nachfolger Herbert Adamski, die uns über Jahre praktischen Einblick in das Handwerk der Schäferei nehmen ließen und für die wir auf weiten Wanderungen arbeiten durften.

Mein besonderer Dank gilt den Aussie-Liebhabern in Europa und in Amerika, die mit Fotos zum Gelingen des Buches beigetragen haben und der freundlichen Unterstützung durch Prof. Dr. M. H. Boevè von der Universität Utrecht.

Letztendlich danke ich auch den vielen Menschen, denen wir im Alltag, auf Hundeplätzen, beim Agility, bei der Rettungshundestaffel, auf Ausstellungen, beim Schafehüten und auf unseren Reisen begegnet sind, für ihre, eher unbewusste, Mitarbeit.

Nützliche Adressen

Verband für das Deutsche Hundewesen e.V.
(VDH)
Westfalendamm 174
Postfach 10 41 54
D-44041 Dortmund
Tel. 0049-(0)231-56500-0
Fax 0049-(0)231-59 24 40
www.vdh.de

Fédération Cynologique Internationale
(FCI)
13, Place Albert I
B-6530 Thuin, Belgien
Tel. 0032-(0)71-591238
Fax 0032-(0)71-592229
www.fci.be

Australian Shepherd Club of America,
Inc. (ASCA)
6091 E.State Hwy. 21
Bryan, TX 77808-9652, USA
Tel. 001-979-778-1082
Fax. 001-979-778-1898
www.asca.org

Australian Shepherd Club Deutschland e.V.
(ASCD)
Alain Cammans
Am Mühlenstück 7
D-53639 Königswinter
Tel. u. Fax 0049-(0)2244-872691
www.ascdev.de

American Kennel Club (AKC)
5580 Centerview Drive, Suite 200
Raleigh, NC 27606-3390, USA
Fax 001-919-8540135

IG Australian Shepherd
Ittinger Str. 21
74912 Kirchardt
Tel. 0049-(0)7266-3857
www.australian-shepherd-ig.de

Australian Shepherd Club Switzerland
(ASCS)
Wylweg 12
CH-4533 Riedholz

Schweizerische Kynologische Gesellschaft
(SKG)
Postfach 8217
CH-3001 Bern
Tel. 0041-(0)31-3015819
Fax 0041-(0)31-3020215

Östereichischer Kynologenverband (ÖKV)
Johann-Teufel-Gasse 8
A-1238 Wien
Tel. 0043-(0)1-88870920
Fax 0043-(0)1-8892621

Bundesverband für das Rettungshunde-
wesen e.V. (BRH)
Holthoffstraße 11
D-45659 Recklinghausen
Tel. 0049-(0)2361-108311

Deutscher Hundesportverband e.V. (DHV)
Postfach 6006
D-44517 Lünen
Tel. 0049-(0)231-87949

Countrydog
Hundeschule u. Verhaltenstherapie
Gesa Kuhn
Brokeloher Hauptstraße 26
D-31628 Landesbergen/Brokeloh
Tel. 0049-(0)5027-900305
Fax 0049-(0)5027-900306
www.countrydog.de

Hundeschule Aschaffenburg
Petra Führmann & Iris Franzke GbR
Würzburger Str. 89
63734 Aschaffenburg
Tel. 0049-(0)6021-20156
Fax 0040-(0)6021-219194
info@hundeschule-ab.de
www.hundeschule-aschaffenburg.de

Register

Abstammung 124
Aggressives Verhalten 143
Agility 23, 51, 64, 108
Allele 108
Alter 146
Anerkennung der Rasse 10
Angst 28, 51, 140, 142
Anpassungsfähigkeit 41
Ansprüche
- an den Ausbilder 54
- an den Halter 19, 21
Anstarren 15
Apportieren 37, 143
Arbeit am Vieh 11, 17
Arbeitseifer 16
Arbeitshund 9, 16, 29, 88, 144
Artgenossen 139
ASCA 10
Atemstillstand 78
Aufzucht 27, 128
Auge zeigen 15
Augen 51, 81, 90
Aujeszky'schen Krankheit 42
Ausbildung 53
Ausflüge 38
Ausritte 20
Ausstellungen 104, 122
Australian Shepherd Club of America 8
Auswahl 124
Autofahren 27

Baden 47
Ballenpflege 48
Basis-Training 56
Begleithund 52, 66
Bellen 36, 55
Belohnung 35
Berufstätigkeit 145
Beschäftigung 20, 37
Beschützerinstinkt 7, 12
Bestrafung 56
Beurteilung 94
Bewegung 21, 94
Bewusstlosigkeit 80
Bissverletzungen 80
Black Bi 101
Black Tri 101
Bleib 58
Blindheit 81, 114

Blue Merle 101
Blutung 78
Border Collie 6
Bring 37

Charakter 6, 89
Chromosomen 106
Collie Eye Anomalie (CEA) 82

Deckhaar 46
Deckrüde 122
Demut 51
Denkspiele 62
Disqualifikationsgründe 93
DNA-Analyse 86
Dominanz 34, 109, 144
Dosenfutter 44
Driving dog 15
Durchfall 69, 72

Einzelregistrierung 143
Ektoparasiten 69
Ellenbogen 97
Endoparasiten 72
Energiezufuhr 45
Entwöhnung 137
Erbanlagen 125
Erbformel 116
Erbkrankheiten 86
Erbrechen 69, 80
Erkrankungen der Augen 29
Ernährung 42, 69
Erscheinungsbild 116
Erstausstattung 31
Erste Hilfe 78
Erziehung 34, 40, 60
Eumelanin 109

Fahrradtouren 20
Fährtenhund 62
Familienhund 19, 29, 144
Farben 92, 101, 116
Farbensehen 81
Farbvererbung 112
FCI 10
Fertigfuttermittel 42
Fieber 69, 134
Fleischfütterung 42
Flockenfutter 44
Flöhe 69
Flyball 66
Fremdpaarungen 126

Frisbee 67
Fuß 59
Füße 48, 91
Futterplan 29, 145
Futterverweigerung 132

Gangart 92, 102
Gebärdensprache 51
Gebiss 89
Gebrauchstüchtigkeit 124
Geburt 132
Gen 107
Geschichte 5
Geschlechtschromosomen 107
Gesundheit 27, 127
Graben 36
Größe 89, 103

Haarkleid 46, 92, 100
Hauptwachstumsphase 45
Hautpigment 109
Hautverletzungen 79
Heading dog 15
Hepatitis 75
Herdengebrauchshund 12
Heterozygot 108
Hier 56, 141
Hinterhand 91, 99
Hirtenhunde 11
Hitze 128
Hitzschlag 80
Homozygot 108
Hörzeichen 13, 59
Hüftgelenke 29
Hüftgelenksdysplasie (HD) 84
Hundeschulen 17, 52
Hundeverhalten 36
Hundezucht 122
Hündin 24, 103, 122
Husten 69
Hütearbeit 12, 17, 23, 60

Impfung 29, 74, 140, 145
Infektionskrankheiten 74
Intelligenz 16, 23, 60
Inzucht 124

Katarakt (Grauer Star) 82
Kaufvertrag 29
Kauknochen 48
Kinder 25
Knochenbrüche 78

Kommandos 54
Konsequenz 21, 35, 142
Kontaktbedürfnis 20, 135
Kontakt mit Menschen 19
Kontakt zur Umwelt 139
Kopf 89, 94
Koppelgebrauchshund 14
Körpersprache 51
Körpertemperatur 69, 80, 133
Krallen 49, 135
Krankheitssymptome 29, 69
Kreislaufschwäche 73
Krytorchismus 84
Kupferfarbene Abzeichen 102
Kurzschwänzigkeit 120

Lange Leine 40, 57
Läufigkeit 24, 130
Lautsprache 51
Leinenführigkeit 20, 38, 59
Leistungsfähigkeit 6, 124
Leptospirose 75
Linienzucht 124
Little blue dogs 7
Lob 33, 56
Lyme-Borreliose 71

Magendrehung 72
Maulkorb 78
Mendel 110
Merle-Zeichnung 118
Mikrophthalmus 82
Milchaustauscher 136
Milchzähne 136, 141
Monorchismus 84
Mutation 108

Nährstoffe 42
Natural bobtail 120
Netzhaut 81

Obedience 23, 66
Oberlinie 91
Ohren 48, 51, 90, 96

Pansen 43
Parasiten 69
Parvovirose 76
Pflanzliche Kost 42
Pflege 46, 69
Phaeomelanin 109
Phänotyp 108, 124

Pigmentloser Nasen-
  schwamm 102
Platz 30, 58, 67
Prägungsphase 15, 22
Progressive Retina Atrophie
  (PRA) 83

Rangordnung 39
Raufer 54
Red Bi 101
Red Merle 101
Red Tri 101
Registrierung 8, 143
Retina Dysplasie 82
Rezessiv 109
Rückbiss 94
Rücken 96, 140
Rückkreuzung 125
Rüde 24, 103, 141
Rudelordnungsphase 35, 39
Rute 91, 120

Schafherden 5, 13
Schnittverletzungen 80
Schockzustand 79
Schultern 91
Schutzinstinkt 105
Sichtzeichen 13, 59
Sitz 57, 67, 139
Solid Black 101
Solid Red 101
Sozialisierungshase 15, 22,
  35, 140
Spaziergänge 38
Spiel 25, 35, 54, 62, 139
Spielzeug 30
Spulwürmer 73
Stammbaum 127
Standard 9, 88
Staupe 74
Stimmungsübertragung 51
Stockdog Trials 17
Stockhaar 100
Strafen 33
Stubenreinheit 32
Stummelrute 97, 120

Tadel 33
Taubheit 81, 114
Temperament 93
Territorialverhalten 105
Therapiehund 16

Tierarzt 72, 78, 134
Tierheim 27
Tollwut 76
Trab 98
Trächtigkeit 132
Trainingsmethoden 142
Treiben 11, 14
Trockenfutter 44, 48

Umweltkontakte 134
Unfall 78
Unterwerfungsgesten 36, 51
Unterwolle 46

VDH 10
Verdauungsorgane 72
Vererbbare Erkrankungen 29, 81
Vererbungsgesetzte 106, 110
Vergiftungserscheinungen 80
Verhaltensstörungen 30
Verstopfung 72
Vitamine 43
Vorbiss 94
Vorfahren 6
Vorhand 91, 98

Welpen 25, 54, 73, 128
Welpenabgabe 30, 139
Welpenaufzucht 22, 135, 143
Welpenspielstunden 41
Welpentest 140
Wesen 27, 124, 140
Will to please 22
Winkelung 99, 103
Wurfkiste 132
Wurmbefall 29, 72, 143

Zahnstein 48
Zahnwechsel 34, 39
Zecken 71
Zeitbedarf 143
Zucht 83
Züchter 26, 121
Zuchtgeschichte 8
Zuchtmethoden 124
Zuchtrüde 130
Zuchttiere 124
Zwei Aussies 24
Zwingerhaltung 28
Zwingerhusten 77

Bildnachweis

Farbfotos von Mike Arnett (3: S. 104, 105), Pia Augustson (2: S. 102, 108), Hilde Bollmann (7: S. 36, 119, 131, 137), Claudia Bosselmann (5: S. 9, 26 u., 79, 106, 109), Fotohaus Clausing (1: S. 125), Cornelia Confurius (5: S. 10, 14 u., 34 re., 55), Thomas Höller (3: S. 74, 128, 129), Daniela Groth (6: S. 34 li., 124, 138, 139, 140), Volker Gühlke (2: S. 37, 143), Dr. Ingrid Güthle (2: S. 18, 144), Jana Eger (1: S. 147) Helga Hommel (2: S. 26 o., 123), Gesa Kuhn (3: S. 16, 17), Petra Lorenz (1: S. 75), Sybille Marwede (2: S. 85, 132), Dietmar Meckelnburg (1: S. 133), Andreas Pelz (9: S. 11, 13, 14 o., 15, 19, 49, 56, 76, 77), Ilse Pelz (2: S. 81, 103), Peter Pelz (3: S. 64, 68, 146), Beate Schäfer (1: S. 101), Dr. Michaela Seifert (3: S. 57, 84, 142 u.), K. Vollberg (1: S. 89), Doris Wehner (2: S. 35, 142 o.), Ralf Welz (1: S. 8), Karl-Heinz Widmann / Kosmos (4: S. 12), Phillip Wildhagen (1: S. 7), Edeltraud Winde (10: S. 30, 32, 66, 67, 69, 88, 122, 135, 136, 141), © 2003 Verband für das Deutsche Hundewesen (VDH) e. V. (1: S. 107). Alle weiteren 66 Farbfotos von Christof Salata / Kosmos.
Schwarzweiß-Fotos von Terry Martin (2: S. 4, 6)
Schwarzweiß-Zeichnungen von Rainer Benz (1: S. 87), Sabine Drobik (6: S. 80, 81, 90, 97, 99, 100), Milada Krautmann (1: S. 73) und Schwanke & Raasch (1: S. 72).

Impressum

Umschlag von eStudio Calamar unter Verwendung von 4 Farbfotos von Christof Salata (Vorderseite) und Gesa Kuhn (Rückseite)

Mit 149 Farbfotos, 2 Schwarzweißfotos und 9 Schwarzweißzeichnungen.

Alle Angaben in diesem Buch erfolgen nach bestem Wissen und Gewissen. Sorgfalt bei der Umsetzung ist indes dennoch geboten. Der Verlag und die Autorin übernehmen keinerlei Haftung für Personen-, Sach- oder Vermögensschäden, die aus der Anwendung der vorgestellten Materialien und Methoden entstehen könnten.

Bibliographische Information der Deutschen Nationalbibliothek
Die Deutsche Nationalbibliothek verzeichnet diese Publikation in der Deutschen Nationalbibliografie; detaillierte bibliografische Daten sind im Internet über http://dnb.ddb.de abrufbar.

Unser gesamtes lieferbares Programm und viele weitere Informationen zu unseren Büchern, Spielen, Experimentierkästen, DVDs, Autoren und Aktivitäten finden Sie unter **www.kosmos.de**

Gedruckt auf chlorfrei gebleichtem Papier

© 2004, Franckh-Kosmos Verlags-GmbH & Co KG., Stuttgart
Alle Rechte vorbehalten
ISBN 978-3-440-08121-1
Redaktion: Hilke Heinemann
Gestaltungskonzept: eStudio Calamar
Produktion: Kirsten Raue / Markus Schärtlein
Printed in Germany / Imprimé en Allemagne

Praktische Erziehungstipps

- Hunde erfolgreich erziehen – Tipps, Checklisten und detaillierte Übungspläne zu jedem Kommando
- Moderne Grunderziehung für Welpen und erwachsene Hunde

Führmann/Hoefs
Das Kosmos Erziehungsprogramm für Hunde
240 Seiten, 400 Abbildungen
€/D 26,90; €/A 27,70; sFr 48,10
ISBN 978-3-440-10638-9

Die DVD zum Buch!
Laufzeit ca. 45 Min.
ISBN 978-3-440-10816-1
€/D 34,90 unverbindl. Preisempfehlung

- Spielerische Erziehungsübungen für Fortgeschrittene – mehr Abwechslung im Trainingsalltag
- Das Extra: 12 Trainingskarten zum Mitnehmen

Führmann/Hoefs
Erziehungsspiele für Hunde
176 Seiten, 346 Abbildungen
€/D 22,90; €/A 23,60; sFr 41,60
ISBN 978-3-440-08856-2

- Beißen, bellen, buddeln – Probleme lösen Schritt für Schritt
- Mit vielen Fallbeispielen zu den häufigsten Verhaltensproblemen von A wie Aggression bis Z wie Zerstörungswut

Führmann/Franzke
Erziehungsprobleme beim Hund
176 Seiten, 240 Abbildungen
€/D 22,90; €/A 23,60; sFr 41,60
ISBN 978-3-440-09478-5

www.kosmos.de   Preisänderungen vorbehalten

KOSMOS